Das DISG® Persönlichkeitsprofil

Friedbert Gay hat das DISG® Persönlichkeitsprofil 1990 in Deutschland eingeführt. Als Mastertrainer und Geschäftsführer der persolog GmbH hält Friedbert Gay regelmäßig Seminare und Vorträge zur Persönlichkeits- und Organisationsentwicklung. Die persolog GmbH ist Spezialist für Konzepte, Systeme und Instrumente der Organisations- und Persönlichkeitsentwicklung.

www.persolog.com

Das DISG®
Persönlichkeitsprofil

Persönliche Stärke ist kein Zufall

Mit dem original DISG® Fragebogen zur Selbstauswertung

Friedbert Gay

GABAL management

persolog®

Bibliografische Information Der Deutschen Bibliothek

Die Deutsche Bibliothek verzeichnet diese Publikation in der Deutschen Nationalbibliografie; detaillierte bibliografische Daten sind im Internet über <http://dnb.ddb.de> abrufbar.

ISBN 3-89749-352-7

34. Auflage, 196.-200. Tsd., April 2006

persolog GmbH Verlag für Managementsysteme
Königsbacher Str. 21, 75196 Remchingen
Tel.: +49 (0) 72 32.36 99-11, Fax: +49 (0) 72 32.36 99-44
www.persolog.com

Redaktion, Satz: Rommert Medienbüro, Gummersbach. www.rommert.de
Umschlaggestaltung: Agentur Buttgereit und Heidenreich, Haltern am See
Druck und Bindung: Druck- und Medienhaus Sigert GmbH, Braunschweig

Inhalt

Friedbert Gay

Das neue DISG® Persönlichkeitsprofil

Friedbert Gay

Der Erfolg eines jeden Unternehmens hängt wesentlich davon ab, ob die Mitarbeiter ihre Stärken optimal entwickeln und einsetzen. Zudem macht jede Arbeit mehr Freude, wenn der Mitarbeiter seine individuellen Kompetenzen zum Tragen bringen kann. Die Auseinandersetzung mit dem eigenen Persönlichkeitsprofil liefert dafür die Basis. Aus diesem Grund brachten wir 1990 das DISG® Persönlichkeitsprofil nach Deutschland.

Damals hat niemand geahnt, welche Auswirkungen dies haben würde:

- Im deutschsprachigen Raum setzen inzwischen mehr als 1500 ausgebildete und autorisierte Trainer und Berater das DISG® Persönlichkeitsprofil erfolgreich ein.
- Mehr als 600000 Analysen gaben Einzelanwendern und Seminarteilnehmern Aufschlüsse über ihre Verhaltenstendenzen, Begrenzungen und Entwicklungsmöglichkeiten.
- Das DISG® Persönlichkeitsprofil wurde in Buchform in 30 Auflagen mit insgesamt 180000 Exemplaren verkauft.
- Als kompatible Zusatzinstrumente sind inzwischen praxisnahe Anwendungen entwickelt worden, beispielsweise eine Arbeitshilfe für Mitarbeitergespräche sowie Strategieplaner für Verkauf und Service.
- Zahlreiche deutsche Unternehmen jeder Größenordnung nutzen heute das DISG® Persönlichkeitsprofil – vor allem zur Führungskräfte- und Teamentwicklung, zur Verkaufsschulung und Konfliktberatung sowie für Trainings zum Zeitmanagement- und Telefonverhalten.

Seit Bestehen des DISG® Modells wird neben der zugrunde liegenden Theorie auch die Testkonstruktion wissenschaftlich untersucht und weiterentwickelt. Dr. John Geier ist der geistige „Urvater" des DISG® Persönlichkeitsprofils. Er hat das Modell auf den Prüfstand gestellt und eine Reihe von Verbesserungen vorgenommen.

Völlig neue Version seit 2004

Die Entwicklungen von Dr. Geier mündeten in eine vollständig neue Version des DISG® Persönlichkeitsprofils ein. Auf dem deutschen Markt bieten wir seit 2004 diese neue Fassung an. Wie bisher kann sie zur systematischen Entwicklung sozialer Kompetenzen genutzt werden. Sie wurde um weitere Interpretationsstufen ergänzt und erfasst das Verhalten noch genauer.

Unser Buch haben wir daher komplett überarbeitet und legen es hiermit neu vor. Es bietet vor allem Führungskräften, Personalentwicklern, Trainern und Beratern die Möglichkeit, die Aussagekraft des DISG® Persönlichkeitsprofils kennen zu lernen.

Jeder Mensch ist anders. Auch die genaueste und ausgefeilteste Typologie wird einen Menschen nie in seiner Vielfalt erfassen. Doch helfen Persönlichkeitsmodelle, den Weg zur Selbsterkenntnis und zum besseren Verständnis anderer Menschen einzuschlagen. Ob Sie sich zum ersten Mal mit DISG® befassen oder Ihre persönliche Selbstanalyse erneut erstellen möchten – wir wünschen Ihnen, dass Sie dabei entscheidende Impulse für Ihre Persönlichkeitsentwicklung gewinnen.

Friedbert Gay — Remchingen, im September 2004

Einführung
Persönliche Stärke ist kein Zufall

Es ist Montagmorgen. Der köstliche Geruch frischen Kaffees umschmeichelt Ihre Nase. Wie zu Beginn einer jeden Woche haben Sie einige Mitarbeiter zu einer Sitzung eingeladen, um als Führungskraft mit Ihrem Team die anstehenden Aufgaben zu besprechen. Während die Mitarbeiter ihre Blicke auf Sie richten, fangen Sie an zu sprechen. Sie haben ein neues Projekt akquiriert und jetzt gilt es, die Aufgaben zu verteilen. Sie selbst wollen nur die Aufsicht wahrnehmen und brauchen eine Mannschaft, auf die Sie sich verlassen können.

Vier Mitarbeiter, vier Verhaltensweisen

Daniel D. bringt sich sofort als Projektleiter ins Spiel und möchte das Kommando übernehmen. Ines I. ist voller Begeisterung für das Projekt, will direkt loslegen und hat sogleich auch einige Ideen, wer alles mitmachen könnte, um zum Erfolg beizutragen. Sven S. hält sich zurück und hört aufmerksam zu. Dann meldet er sich zu Wort und fragt, ob mit dem Kunden bereits klare Vereinbarungen zu den Abläufen getroffen wurden. Gesine G. ist noch nicht richtig überzeugt, ob alle nötigen Aufgaben bis zum gewünschten Zeitpunkt überhaupt zu bewältigen sind, und schlägt vor, zunächst eine exakte Projektplanung zu erarbeiten.

Obwohl es sich um ein und denselben Sachverhalt handelt, geht jeder Mitarbeiter das Projekt anders an.

Jeder hat andere Fragen, andere Stärken und andere Engpässe. Sie spüren: Damit das Projekt ein Erfolg wird, müssen Sie Ihre Mitarbeiter entsprechend ihren individuellen Verhaltenstendenzen einsetzen – sonst ist die Gefahr groß, dass Frust und Konflikte entstehen und der Erfolg des Projektes gefährdet wird. Sie überlegen, wie Sie vorgehen sollen – und befinden sich damit bereits mitten im Thema dieses Buches.

Fundiertes Instrument für die Praxis

Um ein solides Fundament für den sicheren und individuellen Umgang mit Menschen zu schaffen, wurde das DISG® Persönlichkeitsprofil entwickelt. Es wurde speziell für die unternehmerische Praxis erarbeitet und als Selbstlerninstrument konzipiert; das heißt, der Anwender kann sein DISG® Persönlichkeitsprofil selbst erstellen und interpretieren.

Das DISG® Persönlichkeitsprofil basiert auf einem Modell, das Verhalten in konkreten Situationen beschreibt. Dadurch, dass Verhaltensweisen definiert werden, hilft das Modell dem Unternehmen und dem Einzelnen, Verhalten zu verstehen und eine spürbar bessere Kommunikation aufzubauen.

Wer sich und andere Menschen versteht, kann Konflikte entpersonalisieren und sachlich behandeln.

Denn indem Menschen das Verhalten von anderen Menschen verstehen und deuten lernen, werden sie dialogfähiger. Sie lernen, andere Verhaltenstendenzen nicht abzuwerten, sondern zu schätzen.

DISG® ist keine Prüfung

Ausgangspunkt des DISG® Persönlichkeitsprofils ist ein Fragebogen, dessen Ergebnis in mehreren Stufen interpretiert wird. Durch die Interpretation wird erkennbar, welche Verhaltenstendenz der Anwender in einer bestimmten Situation bevorzugt. Dabei gilt, dass mit *jeder* Verhaltenstendenz bestimmte Stärken, aber auch potenzielle Begrenzungen verbunden sind. Es gibt jedoch keine „falschen“ oder „richtigen“ Verhaltenstendenzen. Das DISG® Persönlichkeitsprofil ist deshalb auch keine „Prüfung“, es gibt keine „richtigen“ oder „falschen“ Antworten. Wer den Fragebogen erstellt und auswertet, kann also nicht „durchfallen“.

Mit diesem Buch können Sie Ihr eigenes DISG® Persönlichkeitsprofil erarbeiten. Während Sie Stufe für Stufe Ihre Ergebnisse analysieren, bekommen Sie Einblicke in Ihre Möglichkeiten und Begrenzungen und lernen sich selbst besser kennen. Diese Erkenntnisse können Sie nutzen, um Ihre Stärken auszubauen und erfolgreicher zu handeln bzw. um Misserfolge zu vermeiden. Erfolgreiche Menschen ahmen keine Vorbilder nach, deren Stärken vielleicht ganz woanders liegen, sondern ihr Handeln orientiert sich an den Vorzügen der eigenen Persönlichkeit.

Was dieses Buch bietet

Wenn Sie den Fragebogen ausfüllen, die Diagramme erstellen und die Interpretationsstufen studieren, begeben Sie sich auf eine interessante Entdeckungsreise:

- Sie lernen die *vier Verhaltensdimensionen* kennen: Dominanz (D), Initiative (I), Stetigkeit (S) und Gewissenhaftigkeit (G).
- Sie erfahren mehr über Ihr *äußeres Selbstbild.*
- Sie setzen sich mit Ihrem *inneren Selbstbild* auseinander.
- Sie beschäftigen sich mit Ihrer *persönlichen Verhaltenstendenz,* befassen sich dabei unter anderem mit Aspekten wie Motivation, Umgang mit Konflikten, Reaktion unter Druck und erhalten Anregungen, wie Sie mehr Effektivität erzielen können.
- Mit Blick auf intraindividuelle Konflikte bestimmen Sie Ihre *Stressintensität* und erarbeiten Maßnahmen, mit denen Sie diesen Stress reduzieren können.

Bessere Menschenkenntnis

Mit dem Verstehen des DISG® Modells lernen Sie sich nicht nur selbst besser kennen. Sie verbessern zugleich Ihre Menschenkenntnis. Wer begreift, dass sich Menschen über ganz unterschiedliche Auslöser motivieren lassen, wird nicht mehr alle über einen Kamm scheren, sondern individuelle Anreize schaffen. Wer einsieht, dass Menschen ganz verschiedene Bedürfnisse haben und beispielsweise unter Druck unterschiedlich reagieren, kann sein Handeln entsprechend seinem Gegenüber anpassen.

Die Stärke des DISG® Modells liegt darin, dass es verlässliche Zusammenhänge aufzeigt zwischen Verhaltenstendenzen und Gesichtspunkten wie Motivation, Umgang mit Konflikten und anderen wesentlichen Eigenschaften. Wenn Sie Führungsverantwortung tragen, können Sie daher das DISG® Modell einsetzen, um wiederkehrende Anforderungen passgenauer mit den Verhaltenstendenzen Ihrer Mitarbeiter abzustimmen.

Der Traktor und der Rennwagen

Um dies bildlich zu beschreiben: Ein Traktor und ein Rennwagen haben zwar beide einen Motor, ein Getriebe, vier Räder etc. – aber sie wurden für völlig unterschiedliche Anforderungen geschaffen. Beide haben typische Eigenschaften, beide weisen spezifische Stärken und Schwächen auf. Und beide brauchen ein passendes Umfeld, um ihre Leistungsfähigkeit richtig ausspielen zu können. Ein Traktor, der sich auf den Nürburgring begibt, wird für die gut fünf Kilometer lange Runde eine kleine Ewigkeit brauchen. Bei der Formel 1 wäre die langsame Zugmaschine ein gefährliches Hindernis. Auf dem verregneten Ackerboden kommt der Traktor mit seinen großen Rädern dafür prima voran – während jeder Rennwagen hier schon nach wenigen Metern stecken bliebe.

Der Ursache auf den Grund gehen

Aus dieser Perspektive betrachtet gibt es auch keine „schlechten" Mitarbeiter. Es gibt vielmehr Mitarbeiter, die sich im falschen Umfeld bewegen bzw. mit der falschen Aufgabe betraut wurden und deswegen keine zufrieden stellenden Ergebnisse liefern können.

Im Alltag ist oft nicht auf den ersten Blick zu erkennen, ob die Anforderungen eines Aufgabenfeldes gut zum Persönlichkeitsprofil eines Mitarbeiters passen. Aus diesem Grund

- unterschreiben Menschen Arbeitsverträge für Stellen, in denen sie sich gar nicht entfalten können und nur mittelmäßige bis schlechte Leistungen bringen;
- konfrontieren Führungskräfte Mitarbeiter mit Anforderungen, die nicht mit den jeweiligen Stärken, Motiven und Bedürfnissen in Einklang stehen.

Das Ziel: eine optimale Entfaltung

Wo die Stärken eines Menschen nicht mit den Anforderungen der Situation übereinstimmen, gerät die Arbeit ins Stocken, entstehen Reibungsverluste, werden Ressourcen verschwendet. Je besser Sie dagegen sich und andere mit ihren Stärken und Schwächen kennen, desto besser können Sie entscheiden, wie Sie sich selbst und andere zur optimalen Entfaltung bringen. Wo immer dies geschieht, wird das Ziel des DISG® Modells erreicht.

Zum Hintergrund des DISG® Modells
Verhalten verstehen und gestalten

Das DISG® Persönlichkeitsprofil ist ein modernes und vielseitig einsetzbares Instrument, dessen Entwicklungsgeschichte weit in das vergangene Jahrhundert reicht.

Die theoretischen Vorarbeiten von William M. Marston

Der Ursprung des DISG® Modells geht zurück auf William Moulton Marston (1893–1947). In den 1920er-Jahren beschäftigte sich Marston mit der Frage, welche Emotionen der normale Mensch zeigt und wie sie sich unterscheiden lassen. Der Begriff „normaler Mensch“ wirkt heute befremdlich, galt aber der Abgrenzung von der damals üblichen Beschränkung der psychologischen Forschung auf seelisch kranke Menschen.

Zwei Unterschiede zwischen Menschen

Marston stellte fest, dass sich Menschen grundsätzlich in zwei Hinsichten unterscheiden:

- Menschen können sich gegenüber der Umwelt als stärker oder als schwächer einschätzen.
- Menschen können ihre Umwelt als ihnen freundlich bzw. als feindlich gesonnen wahrnehmen.

Auf der Grundlage dieser Unterscheidungen entwickelte Marston ein System zum Verständnis und zur Beschreibung menschlichen Verhaltens.

Vier Verhaltensdimensionen

Bei seinen Forschungen begann Marston Muster zu erkennen, die auf verschiedene Verhaltensdimensionen schließen ließen. Diese grundsätzlichen Verhaltensdimensionen bezeichnen wir heute als

- Dominanz (D),
- Initiative (I),
- Stetigkeit (S) und
- Gewissenhaftigkeit (G).

Aus den Polen freundlich – feindlich sowie stärker – schwächer ergibt sich ein Koordinatensystem, in das sich die vier Verhaltensdimensionen einordnen lassen:

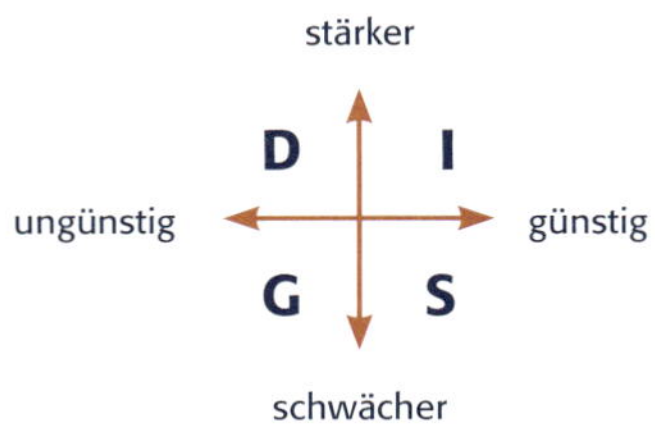

Was bedeutet das Koordinatensystem in Bezug auf die vier Verhaltensdimensionen? Nach Marston sind die Unterschiede im Verhalten von Menschen begründet:

Günstig oder ungünstig

- *in ihrer jeweiligen Wahrnehmung der Umwelt:*
  - Menschen mit einer ausgeprägt *dominanten* oder *gewissenhaften* Verhaltensdimension haben gemeinsam, dass beide ihre Umgebung eher als ungünstig wahrnehmen. Sie verhalten sich daher eher verschlossen.
  - Menschen mit einer ausgeprägt *initiativen* oder *stetigen* Verhaltensdimension stimmen darin überein, dass sie ihre Umgebung eher als günstig erleben. Sie wirken daher offen und aufnahmebereit auf andere.

Stärker oder schwächer

- *in der Wahrnehmung ihrer selbst innerhalb ihres Umfeldes:*
  - Menschen, deren Handeln von ausgeprägt *dominanten* oder *initiativen* Verhaltensdimensionen gekennzeichnet ist, fühlen sich

selbst stärker als ihre Umgebung. Für sie ist es selbstverständlich, diese Umgebung, also Menschen und Situationen, zu prägen und zu beeinflussen.

– Menschen mit ausgeprägt *stetigen* oder *gewissenhaften* Verhaltensdimensionen nehmen sich dagegen weniger stark als ihre Umgebung wahr. Sie versuchen, unter den bereits bestehenden Bedingungen innerhalb ihrer Umgebung erfolgreich zu arbeiten.

Daraus ergeben sich folgende Schlüsse:

- **Dominanz** Menschen mit einer ausgeprägt *dominanten* Verhaltensdimension sehen die Herausforderungen, die es zu überwinden gilt, wobei sie sich für stärker halten als diese Herausforderungen. Sie versuchen Dinge zu ändern oder zu steuern.
- **Initiative** Menschen mit einer ausgeprägt *initiativen* Verhaltensdimension versuchen andere zu beeinflussen, weil sie das Gefühl haben, in einer günstigen Umwelt stark zu sein.
- **Stetigkeit** Menschen mit einer ausgeprägt *stetigen* Verhaltensdimension wollen ein günstiges Umfeld bewahren, weil sie sich als weniger stark als ihre Umwelt wahrnehmen und daher große Veränderungen scheuen.
- **Gewissenhaftigkeit** Menschen mit einer ausgeprägt *gewissenhaften* Verhaltensdimension nehmen sich selbst als weniger stark in einer ungünstigen Umwelt wahr. Deshalb versuchen sie, die Dinge sorgfältig zu analysieren und arbeiten daran, hohe Standards zu erreichen.

Der Gebrauch der Begriffe *günstig* bzw. *ungünstig* und *stärker* bzw. *schwächer* darf allerdings nicht zu einem Fehlschluss führen. Menschen, die ihre Umwelt als günstig wahrnehmen und sich selbst als stärker einschätzen, haben nicht zwangsläufig mehr Erfolg als Menschen, die ihre Umwelt als ungünstig erleben und sich selbst schwächer fühlen.

Der Erfolg hängt nicht davon ab, welche Verhaltensdimension vorherrscht.

Viel wichtiger ist, ob sich ein Mensch selbst gut kennt, andere versteht und sein Handeln an den Erfordernissen der Situation ausrichten kann.

Dazu ein Beispiel: Menschen mit einer ausgeprägt initiativen Verhaltensdimension erleben ihre Umwelt eher als günstig und fühlen sich selbst stärker als ihre Umgebung. Wenn sie jedoch zu impulsiv handeln oder Risiken zu optimistisch einschätzen, ist die Grenze zu unbedachtem Handeln schnell überschritten. Im schlimmsten Fall zieht dies entsprechend negative Konsequenzen nach sich.

Individuelle Vorteile und Gefahren

Menschen mit einer ausgeprägt gewissenhaften Verhaltensdimension bleiben von solchen Konsequenzen dagegen meist verschont, weil sie die Zusammenhänge vor dem Treffen ihrer Entscheidung gründlich analysieren. Hier liegen die Gefahren woanders: Wer *zu* gründlich ist und befürchtet, Fehler zu machen, verstrickt sich schnell in Details, ohne zu einer Entscheidung zu kommen.

Sie sehen: Es kommt darauf an, sich in Bezug auf die jeweilige Situation *angemessen* zu verhalten.

Es gibt keine besseren oder schlechteren Verhaltensdimensionen.

Eine Stärke kann zur Schwäche werden

Für alle Verhaltenstendenzen gilt: Wenn eine Eigenschaft zu sehr betont wird, kann sie in den Augen anderer zur Schwäche werden:

- Wer aus seiner Sicht anspruchsvoll und selbstbewusst ist, kann bei Überbetonung in anderen Augen überfordernd und arrogant wirken.
- Wer aus seiner Sicht emotional und ideenreich ist, kann bei Überbetonung in anderen Augen unsachlich und sprunghaft wirken.
- Wer aus seiner Sicht loyal und geduldig ist, kann bei Überbetonung in anderen Augen unterwürfig und ausnutzbar wirken.
- Wer aus seiner Sicht genau und beherrscht ist, kann bei Überbetonung in anderen Augen pedantisch und unbeteiligt wirken.

Das DISG® Persönlichkeitsprofil von John G. Geier

Von der Theorie zur praktischen Anwendung

Basierend auf den theoretischen Vorarbeiten von Marston entwickelte der US-amerikanische Verhaltenswissenschaftler John Geier 1958 die Urform des DISG® Persönlichkeitsprofils. Geier entwickelte die Items, die grafischen Darstellungen und den Fragebogen, bei dem der Anwender aus 24 Wortgruppen von je vier Begriffen jeweils einen auswählen muss (Format der erzwungenen Wahl).

Diese Form des Fragebogens hat sich bis heute bewährt, denn

- sie gewährleistet eine einheitliche Arbeitsmethodik,
- sie schließt die „Tendenz zur Mitte“ aus,
- durch sie werden Abweichungen im Beantwortungsstil vermieden.

Zunächst nutzte Geier das Instrument nur im universitären Kontext. Als er erkannte, wie wirkungsvoll das DISG® Persönlichkeitsprofil funktionierte, gründete er ein Unternehmen und begann kommerziell mit dem Profil zu arbeiten.

Internationale Marktpräsenz

Das DISG® Persönlichkeitsprofil ist seit 1972 auf dem internationalen und seit 1990 auf dem deutschen Markt präsent. Weltweit setzen es inzwischen etwa 10 000 autorisierte Trainer ein, davon rund 1500 in Deutschland. Das DISG® Persönlichkeitsprofil ist heute in über 50 Ländern und in 44 Sprachen verfügbar.

Grundlage des DISG® Persönlichkeitsprofils ist bis heute die Frage nach der Wahrnehmung des Umfeldes sowie der Reaktion auf das Umfeld. Die Pole zur Beschreibung der Wahrnehmung des Umfeldes freundlich – feindlich wurden ersetzt durch die Pole *angenehm* bzw. *nicht stressig* sowie *anstrengend* bzw. *stressig*. Hinsichtlich der Reaktion auf das Umfeld wurden die Pole stärker – schwächer ersetzt durch die Pole *bestimmt* und *zurückhaltend.*

Vier Quadranten

Hieraus ergeben sich die folgenden vier Quadranten (siehe Abbildung auf der nächsten Seite):

- **D** Dominanz (anstrengend/stressig und bestimmt),
- **I** Initiative (angenehm/nicht stressig und bestimmt),
- **S** Stetigkeit (angenehm/nicht stressig und zurückhaltend) und
- **G** Gewissenhaftigkeit (anstrengend/stressig und zurückhaltend).

Mit dem DISG® Persönlichkeitsprofil kann der Anwender situationsbezogen feststellen, welche Anteile an jedem Quadranten seine Persönlichkeitsstruktur aufweist. Es geht also nicht darum herauszufinden, ob man ein D-, I-, S- oder G-„Typ“ ist – wer das versucht, der greift zu kurz. Denn einzelne Verhaltensdimensionen können zwar stark ausgeprägt sein, aber jeder Mensch weist Anteile aller vier Verhaltensdimensionen auf.

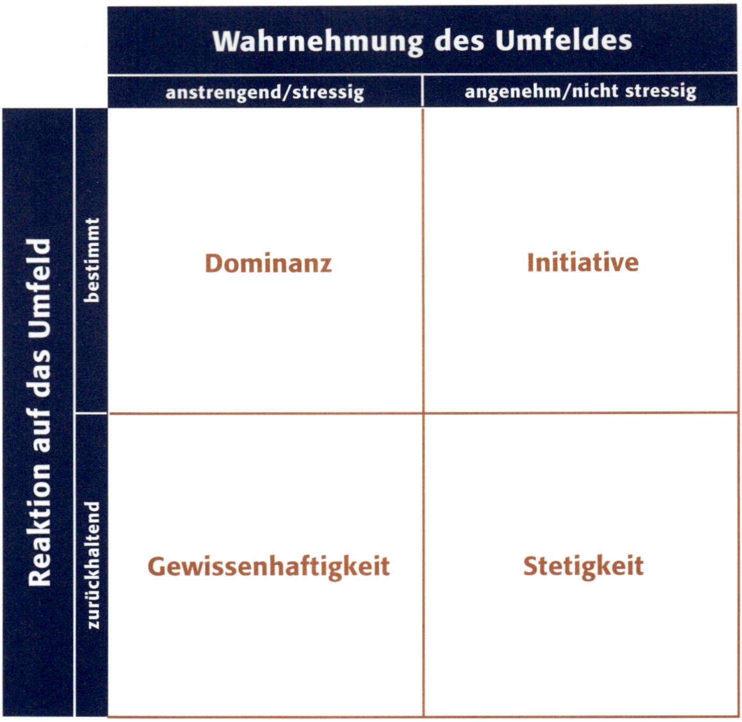

Die vier Quadranten des DISG® Modells

Beim DISG® Persönlichkeitsprofil geht es daher um die Frage, welche Anteile in welcher Kombination in einer bestimmten Situation vorherrschen. Damit ist das DISG® Modell weit komplexer, als es auf den ersten Blick scheint.

Welchen Nutzen bietet das DISG® Persönlichkeitsprofil?

Ob zur Führungskräfteentwicklung, in der Konfliktberatung, bei Verkaufsschulungen oder in Trainings zur Verbesserung der sozialen Kompetenz – das DISG® Persönlichkeitsprofil wird inzwischen in den unterschiedlichsten Bereichen von Organisationen jeder Größenordnung eingesetzt. Wo Erfolg wesentlich davon abhängt, wie Menschen miteinander umgehen, kann das DISG® Persönlichkeitsprofil praxiswirksamen Nutzen stiften.

Die Grundlage dieses Nutzens besteht darin, dass Ihnen das DISG® Persönlichkeitsprofil aussagekräftige Erkenntnisse über Sie selbst und über andere Menschen ermöglicht. Was heißt das im Einzelnen?

Sich selbst besser verstehen

Die Auswertung Ihres DISG® Persönlichkeitsprofils hilft Ihnen zunächst, sich selbst besser zu verstehen. Nur wenn Sie sich Ihrer Stärken und Schwächen bewusst sind, können Sie sich auf Ihre eigenen Bedürfnisse, auf die anderer und auf die Ihrer Umgebung einstellen. Sie kennen beispielsweise

- die Faktoren, die Sie motivieren,
- das von Ihnen bevorzugte Arbeitsumfeld,
- Ihre Ausweichtendenzen,
- die Auslöser, die Sie demotivieren,
- Ihre bevorzugte Art, mit Konflikten umzugehen.

Je besser Sie sich selbst verstehen, desto wirksamer können Sie sich selbst managen. Auf der Basis dieser Kenntnisse können Sie gezielter selbstorganisiert lernen und Strategien für größere Effektivität entwickeln. Sie wissen auch, was andere Menschen tun sollten, um Sie am besten zu entwickeln, zu motivieren und zu unterstützen.

Andere Menschen besser begreifen

Das DISG® Persönlichkeitsprofil hilft Ihnen, nicht nur sich selbst, sondern auch andere Menschen besser zu verstehen. Wenn Sie die bevorzugte Verhaltenstendenz einer anderen Person erkennen, können Sie Ihr eigenes Verhalten darauf abstimmen. Verständnis und Anpassung verringern Konflikte und verstärken die Wirkung der Zusammenarbeit.

Wer das DISG® Modell kennt, hat es auch leichter, Personen und deren Verhalten zu trennen. Wo notwendige Kritik aufgabenbezogen geäußert wird, verletzt sie weniger, als wenn sie auf den Menschen selbst zielt.

Unternehmen können das DISG® Persönlichkeitsprofil einsetzen, um ein besseres Miteinander zu schaffen. Denn die Anwender lernen, wie sie sich gegenseitig

- Anerkennung geben,
- Feedback geben,
- in Konfliktsituationen helfen,
- bei Problemlösungen unterstützen.

Basis für Führungskräfte-entwicklung

Das DISG® Persönlichkeitsprofil kann von Unternehmen zudem eingesetzt werden, um die Führungskräfteentwicklung auf eine stabiles Fundament zu setzen. Eine Führungskraft muss

- dialogfähig sein und ihre Mitarbeiter „abholen" können. Dialogfähigkeit setzt Einsichten in die eigene bevorzugte Handlungsweise und Motivation sowie in die Verhaltenstendenzen der Mitarbeiter voraus;
- darüber informiert sein, welche Mitarbeiter welches Potenzial haben und welcher Kompetenzbedarf besteht;
- wissen, wie sie welchen Mitarbeiter gewinnen und motivieren kann und wer die richtige Person für das erfolgreiche Bewältigen einer anstehenden Aufgabe ist.

Korrekt eingesetzt, ermöglicht das DISG® Persönlichkeitsprofil Aussagen zu allen genannten Aspekten.

Nutzen für Einzelanwender

Der Nutzen für die einzelnen Anwender im Überblick:

- Die Anwender lernen sich und andere besser verstehen.
- Führungskräfte können die Stärken von Mitarbeitern besser erkennen und fördern.
- Die Anwender können wirksamer mit anderen kommunizieren.
- Konfliktpotenziale lassen sich einfacher erkennen.
- Das DISG® Persönlichkeitsprofil liefert Vorschläge zur persönlichen Leistungssteigerung.
- Wer sich mit dem DISG® Modell auseinandersetzt, lernt die Andersartigkeit anderer Menschen zu respektieren und zu schätzen.

Nutzen für Unternehmen

Der Nutzen für Unternehmen im Überblick:

- Die Mitarbeiter übernehmen neue Aufgaben mit größerem Erfolg.
- Das Unternehmen kann Teams nach individuellen Stärken zusammensetzen.
- Mit den Begriffen des DISG® Modells lässt sich eine gemeinsame Sprache als Basis besseren Verstehens entwickeln.
- Konflikte werden entpersonalisiert.
- Die Leistungspotenziale der Mitarbeiter lassen sich gezielter erkennen und fördern.

Kompetenzen erkennen und ausbauen mit DISG®

Fachkompetenz allein reicht nicht

Wer die Bedeutung von Methoden- und Sozialkompetenzen mit der von Fachkompetenzen vergleicht, stellt schnell fest: Erstere werden immer wichtiger. Die Ursache liegt auf der Hand: In einer dynamischen Gesellschaft veraltet Fachwissen rasch, womit zugleich die in Ausbildung und Studium erworbenen fachlichen Qualifikationen entwertet werden. Daher wird heute mehr als Fachkompetenz verlangt.

Das DISG® Persönlichkeitsprofil macht es möglich, einzelne Kompetenzen auf der Basis situativen, beobachtbaren Verhaltens zu identifizieren und zu reflektieren. Zu diesen Kompetenzen gehören beispielsweise

- Teamfähigkeit,
- Führungsfähigkeit,
- Umgang mit Konflikten,
- Analysefähigkeit und
- Flexibilität.

Ziel des DISG® Persönlichkeitsprofils ist es, eine Art Metawissen zu erlangen, das den Anwender befähigt,

- über das eigene Verhalten in konkreten Situationen nachzudenken und
- durch die gewonnenen Erkenntnisse flexibler auf neue Situationen zu reagieren.

Anpassungsfähigkeit erhöhen

Die Reflexion über das eigene Verhalten soll außerdem die Anpassungsfähigkeit an Menschen mit anderen bevorzugten Verhaltenstendenzen erhöhen. Die Begriffe des DISG® Modells liefern dazu eine gemeinsame Kommunikationsbasis, auf der auch sehr unterschiedliche Persönlichkeiten über das gegenseitig wahrgenommene Verhalten ins Gespräch kommen und Wege zum besseren gegenseitigen Verständnis erarbeiten können.

Daneben verdeutlicht das DISG® Persönlichkeitsprofil die Gefahrenpotenziale (Übertreibung einzelner Eigenschaften) des Anwenders und liefert Hinweise auf persönliche Strategien, wie er künftig erfolgreicher agieren, reagieren und interagieren kann.

Damit trägt das DISG® Persönlichkeitsprofil dazu bei,

- Reibungsverluste zu vermeiden,
- Arbeitsprozesse zu optimieren und
- die Problemlösungsquote zu erhöhen.

Im Jahr 2003 veröffentlichten der Organisations- und Wirtschaftspsychologe Lutz von Rosenstiel und der Experte für betriebliche Weiterbildungsforschung John Erpenbeck das „Handbuch Kompetenzmessung“ (Stuttgart: Schäffer-Poeschel). Darin untersuchten sie Kompetenzmessverfahren und berücksichtigten auch das DISG® Persönlichkeitsprofil.

DISG® verbessert Kompetenzen

Erpenbeck / v. Rosenstiel unterscheiden vier Kompetenzklassen. Zu jeder dieser Klassen leistet das DISG® Persönlichkeitsprofil Beiträge, denn der Anwender

- steigert durch Selbstkenntnis und durch die Auseinandersetzung mit den Inhalten seine *Persönlichkeitskompetenz,*
- verbessert in der Interaktion mit anderen seine *Sozialkompetenz,*
- hebt durch das Wissen um die Unterschiede und Strategien für den Umgang mit verschiedenen Menschen und Aufgaben seine *Fachkompetenz,*
- begegnet durch die Anwendung der richtigen Strategie unterschiedlichen Menschen angemessener und wendet so seine *Methodenkompetenz* an (vgl. Erpenbeck / v. Rosenstiel 2003, S. 506).

Ergebnis der vergleichenden Darstellung durch Erpenbeck / v. Rosenstiel ist, dass das DISG® Persönlichkeitsprofil

- hinsichtlich der Kompetenzbeobachtung mit objektiven Methoden arbeitet und
- mit Blick auf die Kompetenztypen sowohl die Selbststeuerungssicht als auch die Selbstorganisationssicht berücksichtigt.

Hinweise zu vier Kompetenzgruppen

Das DISG® Persönlichkeitsprofil ermöglicht dabei neben Aussagen zu den vier Kompetenzklassen auch Hinweise zu den vier Kompetenzgruppen, die die beiden Herausgeber unterscheiden:

- Kompetenzen als Kommunikationsvoraussetzung,
- Kompetenzen als Quasi-Qualifikationen,
- Kompetenzen als Tätigkeits- (Arbeits-) Dispositionen,
- Kompetenzen als Persönlichkeitseigenschaften.

Damit erweist sich das DISG® Persönlichkeitsprofil als leistungsfähiger im Vergleich zu anderen durch Erpenbeck / v. Rosenstiel untersuchten Kompetenzmessverfahren.

Ist das DISG® Persönlichkeitsprofil vertrauenswürdig?

Reliabilität und Validität

Bei der Beantwortung der Frage, ob das DISG® Persönlichkeitsprofil vertrauenswürdig ist, geben konkrete wissenschaftliche Kriterien den Ausschlag: die *Reliabilität* und die *Validität* des Ergebnisses. Sind die Vorhersagen für das Verhalten zuverlässig und gültig, zeigt dies, dass das DISG® Modell „funktioniert".

Was damit gemeint ist, lässt sich mit einem Bild verdeutlichen: Stellen Sie sich eine Zielscheibe vor, vor der ein geübter Schütze steht. Der Schütze feuert mehrere Schüsse ab und zielt dabei jedes Mal genau auf die Mitte der Scheibe.

Wenn sich die Einschusslöcher trotz ruhiger Hand und exakten Zielens auf die gesamte Scheibe verteilen, hat die Waffe einen Defekt. Zuverlässige Vorhersagen sind nicht möglich. Ob der Schütze trifft, ist Zufall. Auf ein Modell übertragen heißt das: Es besitzt weder Reliabilität noch Validität und ermöglicht keine sinnvollen Prognosen.

Zuverlässige und gültige Aussagen

Das Gegenteil ist der Fall, wenn der Schütze jedes Mal, wenn er ins Schwarze zielt, auch sicher trifft. Dann ist das Visier präzise eingestellt und man kann mit einer gewissen Sicherheit vorhersagen, dass der Schütze sein Ziel auch mit dem nächsten gezielten Schuss treffen wird. Für ein Modell heißt dies, dass es zuverlässige und gültige Aussagen ermöglicht.

Stellen Sie sich nun folgenden Fall vor: Jeder ins Schwarze gezielte Schuss trifft die Zielscheibe an ziemlich genau derselben Stelle – die aber weit am Rand der Scheibe liegt. Dann ist das Visier nicht richtig eingestellt. In diesem Fall spricht man bei Modellen davon, dass sie zwar Reliabilität, aber keine Validität besitzen. Es sind offenbar Vorhersagen möglich, aber sie „treffen nicht ins Schwarze". Um gültige Prognosen zu bekommen, müsste man das Ergebnis sozusagen immer in dieselbe

Richtung abwandeln. Darum reicht die Untersuchung der Reliabilität allein nicht aus – ein Modell muss auch immer valide sein.

Konstruktvalidität

Um Erkenntnisse über die *externe* Validität des Modells zu bekommen, sollte eine Persönlichkeitstypologie darüber hinaus mit anderen bereits validierten Persönlichkeitstypologien abgeglichen werden. Dabei muss sich die eigene Typologie mit den anderen Modellen eindeutig auf Gegenseitigkeit bestätigen (signifikante Korrelation). Man spricht dann von einer Konstruktvalidität.

Was das bedeutet, macht der Vergleich des DISG® Persönlichkeitsprofils mit einer Landkarte deutlich: Das Verhältnis von DISG® zu anderen validen Modellen lässt sich vergleichen mit verschiedenen Landkarten, die alle dasselbe Gebiet zeigen. Die eine Karte stellt das Gebiet politisch dar, die andere physikalisch, die dritte gibt Auskunft über die Bevölkerungsdichte, die vierte über die jährliche Regenmenge und so weiter. Wer nun im DISG® Persönlichkeitsprofil als *unterstützend* „verortet" wird, wird auch bei einem anderen validen Modell zu diesem Ergebnis kommen.

Untersuchungen der amerikanischen Fassung konnten die Konstruktvalidität belegen. Unter anderem wurde das DISG® Persönlichkeitsprofil mit dem API (Adult Personality Profile von Cattel), dem WAIS (Wechsler Adult Intelligence Scale), dem MBTI® (Myers-Briggs Type Indicator) und dem MMPI (Minnesota Multiphasing Personality Inventory) untersucht.

Ergänzende Forschungen

Ergänzend zu diesen Forschungen wurden sämtliche Items des DISG® Persönlichkeitsprofils mit wissenschaftlichen Methoden untersucht und verschiedene Reliabilitäts- und Validitätsuntersuchungen durchgeführt. Die wichtigsten waren:

- 1992: „A Study of the Constructs in the Personal Profile System"
- 1996: „The Personal Profile System 2800 Series"
- 1999: „Focus Point Research Report"

Das DISG® Persönlichkeitsprofil hat sich bei diesen Untersuchungen als valide erwiesen. Das heißt: Der Anwender des DISG® Persönlichkeitsprofils erhält eine zutreffende Beschreibung seiner Verhaltenstendenzen. Aufgrund der Studienergebnisse können wir davon ausgehen, dass 90 bis 95 Prozent der Teilnehmer ihrem Profil zustimmen werden.

Untersuchung des deutschen Profils

Die US-amerikanischen Forschungsergebnisse flossen in die Entwicklung der deutschen Version des DISG® Persönlichkeitsprofils ein. Das deutschsprachige DISG® Persönlichkeitsprofil wurde 1994, 1997 sowie 2000 statistisch überprüft; eine weitere Studie ist derzeit in Arbeit.

Das Wiederholen der Untersuchungen ist unter anderem nötig, weil das DISG® Persönlichkeitsprofil mit Sprache arbeitet. Die Bedeutungszuweisungen einzelner Begriffe verändern sich im Laufe der Zeit. Zudem wird mit jeder Änderung des Fragebogens eine neue statistische Untersuchung notwendig. Diese muss für jede Sprache, in der das DISG® Persönlichkeitsprofil herausgegeben wird, separat durchgeführt werden.

Die deutsche Fassung des DISG® Persönlichkeitsprofils wurde für Menschen im Erwerbsalter in ihrem Umfeld am Arbeitsplatz überprüft. Um die Reliabilität jeder Skala zu bestimmen, wurde unter anderem das als „Cronbachs Alpha-Koeffizient" bekannte Verfahren zur Berechnung der inneren Konsistenz der Instrumente eingesetzt. Das Ergebnis beschreibt den Grad der Interkorrelation zwischen den Items der einzelnen Skalen. Daraus wird erkennbar, ob alle Items auf einer bestimmten Skala genau dasselbe messen.

Hohe Konsistenz

Hinsichtlich der Reliabilität ergab sich, dass die internen Konsistenzkoeffizienten der Primärfaktoren zwischen .82 und .92 liegen und somit insgesamt für eine hohe Präzision der Messung von Persönlichkeitseigenschaften auf dem Niveau der Primärfaktoren sprechen.

Ein Vergleich der sprachspezifischen Untersuchungsergebnisse zeigt, dass die statistischen Messungen der US-amerikanischen, der deutschen und der mexikanischen Version über Sprachgrenzen hinweg zu Resultaten führen, die sich sehr stark ähneln. Dies betrifft Aspekte wie Reliabilität, Item-Skalen-Korrelation, Interskalen-Korrelation sowie die Score-Konfiguration.

Wer mehr über die statistische Fundierung des DISG® Persönlichkeitsprofils erfahren möchte, kann sich direkt an persolog® wenden.

Ihr DISG® Persönlichkeitsprofil
Der original DISG® Fragebogen

Mit dem Fragebogen ermitteln Sie, mit welcher Intensität die Verhaltensdimensionen **D**, **I**, **S** und **G** bei Ihnen ausgeprägt sind. Ergebnis sind drei individuelle Diagramme, die Sie anschließend interpretieren werden. Die drei Diagramme visualisieren verschiedene Aspekte Ihres DISG® Persönlichkeitsprofils.

Umfeld festlegen

Wenn Sie den Fragebogen bearbeiten, müssen Sie beachten, dass Menschen nicht immer nach ein und demselben Muster agieren und reagieren, sondern abhängig von der jeweiligen Situation und den beteiligten Personen unterschiedlich handeln. Wenn Sie Ihr DISG® Persönlichkeitsprofil erstellen, müssen Sie daher zunächst festlegen, für welches Umfeld bzw. für welche Rolle oder welche konkrete Situation Sie den Fragebogen erstellen. Prinzipiell ist es möglich, das DISG® Persönlichkeitsprofil mehrfach anzufertigen – jeweils mit Blick auf ein anderes Umfeld, zum Beispiel für die Rolle als Teamleiter, für das Umfeld der Verhandlung mit Kunden oder auch für das private Umfeld als Ehepartner oder Elternteil.

Legen Sie jetzt fest, für welches Umfeld Sie den Fragebogen ausfüllen.

Umfeld: ______________________________

Datum: ____________

Beim Bearbeiten des Fragebogens sollten Sie das gewählte Umfeld stets vor Augen haben. Tragen Sie es daher bitte auch in die Zeile „Umfeld" auf den Seiten 35 und 37 des Fragebogens ein.

Der original DISG® Fragebogen besteht aus zwei Teilen:

- Der erste Teil enthält 24 Kästen mit Kurzsätzen, die Ihr Verhalten im gewählten Umfeld am ehesten beschreiben.
- Der zweite Teil enthält 24 Kästen mit Begriffen, die widerspiegeln, wie Sie sich im gewählten Umfeld am wenigsten empfinden.

Beide Teile sind mit Blick auf dasselbe Umfeld zu bearbeiten.

„Am ehesten"

Gehen Sie folgendermaßen vor, um den Fragebogen „Am ehesten" auszufüllen:

- Auf den Seiten 34 und 35 finden Sie 24 Kästen. In jedem der 24 Kästen befinden sich vier Kurzsätze.
- Beginnen Sie mit dem ersten Kasten. Lesen Sie sich alle vier Kurzsätze mit Blick auf das gewählte Umfeld aufmerksam durch.
- Entscheiden Sie sich für denjenigen Kurzsatz, von dem Sie denken, dass er Ihr Verhalten im gewählten Umfeld „am ehesten" beschreibt.
- Rubbeln Sie mit einer Münze das zugehörige Feld frei. Rubbeln Sie pro Kasten stets nur ein einziges Feld frei (siehe Beispiel 1).
- Bearbeiten Sie nun die anderen 23 Kästen in derselben Weise. Überspringen Sie dabei keinen Kasten.

Die Ergebnisse des DISG® Persönlichkeitsprofils sind genauer, wenn Sie dem ersten Eindruck folgen, statt lange über die Antwort nachzudenken. Dies gilt auch für den Fragebogen „Am wenigsten".

Beispiel 1

1	
ich teile gerne	
ich bin umgänglich	N
ich will gewinnen	
ich lache viel	

„Am wenigsten"

Gehen Sie folgendermaßen vor, um den Fragebogen „Am wenigsten" auszufüllen:

- Auf den Seiten 36 und 37 finden Sie 24 Kästen. In jedem der 24 Kästen befinden sich vier Begriffe.
- Beginnen Sie mit dem ersten Kasten. Lesen Sie sich alle vier Begriffe mit Blick auf das gewählte Umfeld aufmerksam durch.
- Entscheiden Sie sich für denjenigen Begriff, der widerspiegelt, wie Sie sich im gewählten Umfeld „am wenigsten" empfinden.
- Rubbeln Sie mit einer Münze das zugehörige Feld frei. Rubbeln Sie pro Kasten stets nur ein einziges Feld frei (siehe Beispiel 2).
- Bearbeiten Sie nun die anderen 23 Kästen in derselben Weise. Überspringen Sie dabei keinen Kasten.

Beispiel 2

1	
wählerisch	G
gehorsam	
fordernd	
verspielt	

„Am ehesten"

Wählen Sie denjenigen Kurzsatz aus, der Ihr Verhalten im gewählten Umfeld „am ehesten" beschreibt, und rubbeln Sie das zugehörige Feld mit einer Münze frei.

1

- ich teile gerne
- ich bin umgänglich
- ich will gewinnen
- ich lache viel

2

- ich bin offen für Ideen
- ich tue anderen gerne einen Gefallen
- ich bin willensstark
- ich bin fröhlich und sorglos

3

- ich neige dazu zu machen, was andere wollen
- ich mache, was ich will
- ich erreiche durch Freundlichkeit mein Ziel
- ich bin anderen gegenüber aufrichtig

4

- bei anderen bin ich beliebt
- ich bin selbstbeherrscht
- ich bin kollegial und freundlich
- ich bin rastlos

5

- mich zufrieden zu stellen fällt schwer
- ich will andere übertrumpfen
- ich halte mich an Regeln
- ich bin immer für einen Scherz zu haben

6

- ich gehe Risiken ein
- ich bin taktvoll
- ich bin anmutig
- ich bin zufrieden

7

- ich bin begeisterungsfähig
- ich bin korrekt und genau
- ich bin ausgeglichen
- ich übernehme gerne die Initiative

8

- ich trete bestimmt auf
- ich stehe gerne im Mittelpunkt
- ich neige dazu, Schwierigkeiten zu erwarten
- ich bin leicht zu beeinflussen

9

- ich bekomme viel Lob
- ich bin hilfsbereit
- ich setze mich für meine Prinzipien ein
- ich habe keine Probleme mich unterzuordnen

10

- ich bin ungeduldig
- ich komme gut mit anderen aus
- ich möchte es anderen recht machen
- ich bin temperamentvoll

11

- ich bin kontaktfreudig
- ich bin ein Mensch der Tat
- ich bin weichherzig
- ich habe Sinn für schöne Dinge

12

- ich neige nicht dazu, die Dinge allzu eng zu sehen
- ich bin lebenslustig
- ich gehe keinem Streit aus dem Weg
- ich bin diplomatisch

Umfeld: wenn ich bei der Arbeit bin

13

- es fällt mir leicht, Entscheidungen zu treffen ...
- ich bin spontan ...
- ich bin friedliebend...
- ich bringe anderen Vertrauen entgegen ...

14

- ich bin höflich und zuvorkommend ...
- ich bin abenteuerlustig ...
- ich blicke optimistisch in die Zukunft ...
- ich nehme Rücksicht auf andere ...

15

- mich in andere einzufühlen, fällt mir leicht ...
- ich bin zurückhaltend ...
- ich kann andere leicht überzeugen ...
- ich habe viele Ideen ...

16

- ich bin gesprächig ...
- mich mit etwas abzufinden, fällt mir nicht schwer ...
- ich hänge an meinen Gewohnheiten ...
- ich bin entscheidungsfreudig ...

17

- ich bin zögerlich...
- Erfolg zu haben ist mir wichtig ...
- ich gehe freundlich mit anderen um ...
- ich kann andere beeinflussen ...

18

- ich kann andere mitreißen ...
- ich bleibe hartnäckig an einer Aufgabe ...
- ich bin neugierig ...
- ich achte auf Bedürfnisse anderer ...

19

- ich bin gesellig ...
- ich arbeite gerne allein ...
- ich bin eher ein stiller Mensch ...
- mich bringt so leicht nichts aus der Ruhe ...

20

- ich bin diszipliniert ...
- ich bin aufgeschlossen und kontaktfreudig ...
- ich bin großzügig ...
- ich sage die Dinge, wie sie sind ...

21

- ich bin schüchtern ...
- ich bin entschlusskräftig ...
- andere zu begeistern, fällt mir leicht ...
- ich gebe leicht nach ...

22

- andere um den Finger zu wickeln fällt mir leicht ...
- ich neige dazu, meine Meinung zurückzuhalten...
- ich denke nach, bevor ich etwas sage ...
- ich spreche aus, was ich denke ...

23

- ich bin warmherzig ...
- ich mag keine Extreme ...
- ich bin offen für neue Aufgaben ...
- ich will etwas erleben ...

24

- meinen Willen durchzusetzen, fällt mir leicht ...
- im Umgang mit anderen bin ich verständnisvoll ...
- anderen Menschen bringe ich Respekt entgegen...
- ich bin selbstsicher ...

„Am wenigsten"

Wählen Sie denjenigen Begriff aus, der Ihre Empfindungen im gewählten Umfeld „am wenigsten" beschreibt, und rubbeln Sie das zugehörige Feld mit einer Münze frei.

1

wählerisch	
gehorsam	
fordernd	
verspielt	I

2

gesellig	
selbstsicher	
geduldig	S
ruhig	

3

attraktiv	
prinzipientreu	
unbeugsam	D
nett	

4

diplomatisch	
zufrieden	
waghalsig	D
gewandt	

5

rastlos	D
kritisch	
beliebt	
freundlich	

6

unerschrocken	
inspirierend	
unterwürfig	S
schüchtern	

7

sanftmütig	
überzeugend	
bescheiden	G
originell	

8

arrogant	
nachgiebig	
einnehmend	I
ängstlich	

9

umgänglich	
genau	
direkt	
verschlossen	S

10

respektvoll	
risikobereit	D
optimistisch	
zuvorkommend	

11

kühn	D
beeinflussbar	
loyal	
charmant	

12

rücksichtsvoll	
ehrgeizig	
fröhlich	I
ausgleichend	

Umfeld: ______________________

13

- mutig
- gelassen
- präzise
- glücklich

14

- streitlustig
- anpassungsfähig
- humorvoll
- locker

15

- lernwillig
- eifrig
- angenehm
- unbeschwert

16

- energisch
- anerkannt
- fürsorglich
- unsicher

17

- gesprächig
- zurückhaltend
- traditionsbewusst
- bestimmt

18

- souverän
- verständnisvoll
- tolerant
- durchsetzungsfähig

19

- großzügig
- lebhaft
- ordentlich
- hartnäckig

20

- vertrauensvoll
- ermutigend
- positiv
- friedliebend

21

- vorsichtig
- tatkräftig
- mitreißend
- gutmütig

22

- spontan
- entgegenkommend
- willensstark
- heiter

23

- abenteuerlustig
- aufgeschlossen
- sympathisch
- vernünftig

24

- kommunikativ
- kultiviert
- stark
- nachsichtig

Auswertung

So füllen Sie die Auswertungsbox I aus

- Nehmen Sie das Lesezeichen zur Hand.
- Legen Sie es so in das Buch, dass die Auswertungsbox I zu sehen ist.
- Nach dem Rubbeln sehen Sie auf den Seiten 34 und 35 („am ehesten") verschiedene Buchstaben abgebildet; in jedem der 24 Kästchen befindet sich einer.
- Zählen Sie, wie häufig die einzelnen Buchstaben vorkommen.
- Zunächst füllen Sie in der Auswertungsbox das obere Feld aus. Tragen Sie die Anzahl des Buchstaben N („am ehesten") in das Kästchen N ein (siehe Beispiel).

Beispiel

Auswertungsbox I

Am ehesten

D	I	S	G
2	2	8	9

N
3

(Gesamtanzahl „am ehesten" = 24)

Am wenigsten

D	I	S	G
7	8	5	3

N
1

(Gesamtanzahl „am wenigsten" = 24)

Differenz

D	I	S	G
-5	-6	+3	+6

- Verfahren Sie genauso mit den Buchstaben D, I, S und G.
- Rechnen Sie nach, ob Sie richtig gezählt haben: Die Summe aller eingetragenen Zahlen muss 24 ergeben.
- Nun füllen Sie das mittlere Feld aus. Gehen Sie bei der Rubrik „am wenigsten" (auf den Seiten 36 und 37) genauso vor wie bei der Auswertung des Bereichs „am ehesten".
- Schließlich füllen Sie jetzt das untere Feld aus. Ziehen Sie die Punktzahlen in den „Am wenigsten"-Kästchen von den Punktzahlen in den „Am ehesten"-Kästchen ab.
- Tragen Sie das Ergebnis unter Verwendung der Vorzeichen plus und minus in die jeweiligen Kästchen ein.

So erstellen Sie die Diagramme

Im nächsten Schritt übertragen Sie die Ergebnisse Ihrer Auswertungsbox I in drei Diagramme. Gehen Sie dazu folgendermaßen vor:

- Übertragen Sie die Ergebnisse des oberen Feldes („Am ehesten") in das Diagramm I (siehe Beispiel).

Beispiel

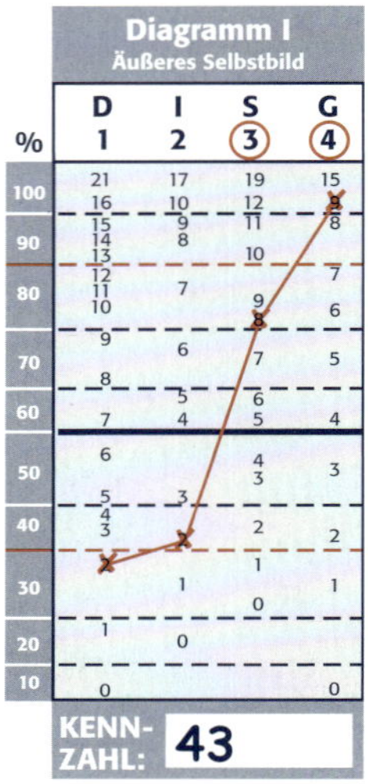

- Die Ergebnisse aus dem Feld „N" werden nicht in die Diagramme übertragen.
- Übertragen Sie danach Ihre Ergebnisse aus dem mittleren Feld („Am wenigsten") in das Diagramm II.
- Die Ergebnisse aus dem unteren Feld („Differenz") übertragen Sie schließlich in das Diagramm III.
- Verbinden Sie nun jeweils die Punkte in den drei Diagrammen miteinander (D mit I, I mit S, S mit G). Es entstehen drei Profile.

So stellen Sie Ihre Kennzahlen fest

Bei allen drei Diagrammen gilt es nun, die zugehörige Kennzahl zu ermitteln. Gehen Sie dazu folgendermaßen vor:

- Zunächst bestimmen Sie die Kennzahl bei Diagramm I. Wenn sich eine oder mehrere Punktzahlen über der Mittellinie befinden, kreisen Sie die jeweilige Zahl (1, 2, 3, 4) ein (siehe Beispiel).

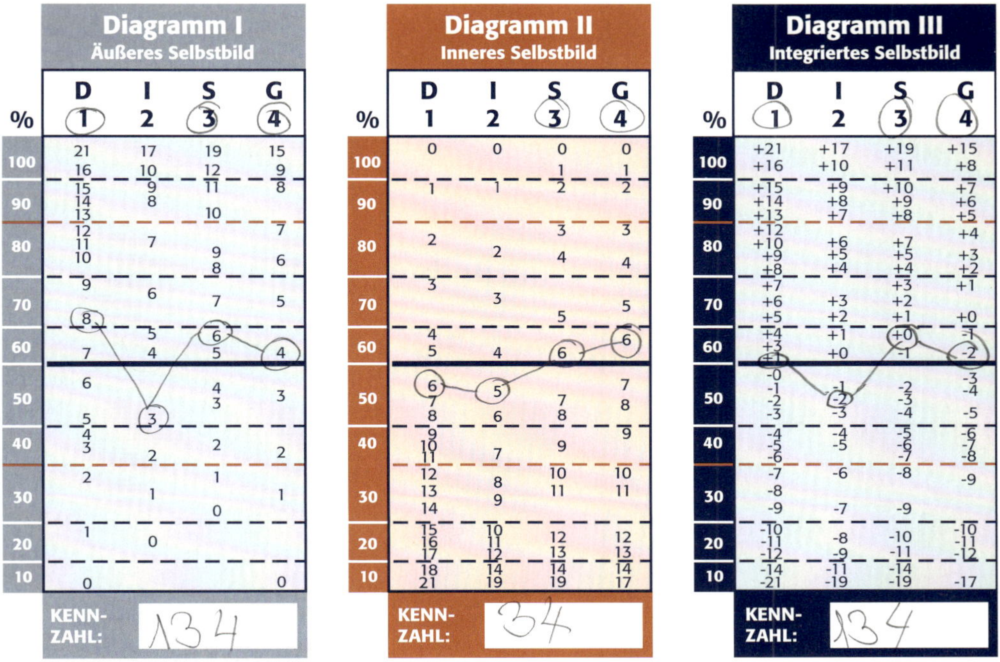

- Übertragen Sie die eingekreiste(n) Zahl(en) folgendermaßen in das Kästchen „Kennzahl" unter dem Diagramm:
  - Wenn Sie *drei* Zahlen eingekreist haben, dann tragen Sie die Zahlen von links nach rechts ein. Die einzig möglichen Kombinationen sind 123, 124, 134 und 234.
  - Wenn Sie *zwei* Zahlen eingekreist haben, die beide *auf der gleichen Höhe* im Diagramm liegen, dann tragen Sie die Zahlen von links nach rechts ein.
  - Wenn Sie *zwei* Zahlen eingekreist haben und eine davon im Diagramm *höher* liegt als die andere, dann tragen Sie die eingekreiste Zahl mit der höheren Position zuerst ein (siehe Beispiel).
  - Wenn Sie *eine* Zahl eingekreist haben, dann tragen Sie nur diese eine Zahl ein.
- Verfahren Sie genauso mit den Diagrammen II und III.

- Wenn sich *alle* eingetragenen Punktzahlen über oder unter der Mittellinie befinden, füllen Sie das Profil in einigen Tagen erneut aus. Für eine vorläufige Interpretation können Sie in diesem Fall die folgenden Kennzahlen verwenden:
  - alle Punktzahlen über der Mittellinie: Kennzahl 123;
  - alle Punktzahlen unter der Mittellinie: Kennzahl 4.

So füllen Sie die Auswertungsbox II aus

- Nehmen Sie das Lesezeichen zur Hand.
- Legen Sie es so in das Buch, dass die Auswertungsbox II zu sehen ist.
- Übertragen Sie die eben ermittelten drei Kennzahlen in die entsprechenden Felder der Auswertungsbox II.
- Im nächsten Schritt ermitteln Sie für jede Verhaltensdimension Prozentwerte. Beginnen Sie mit Diagramm I.
- Suchen Sie Ihre Prozentzahl (links im Diagramm) für den Punkt in der D-Spalte. Im Beispiel ist es die Zahl 30.

Beispiel

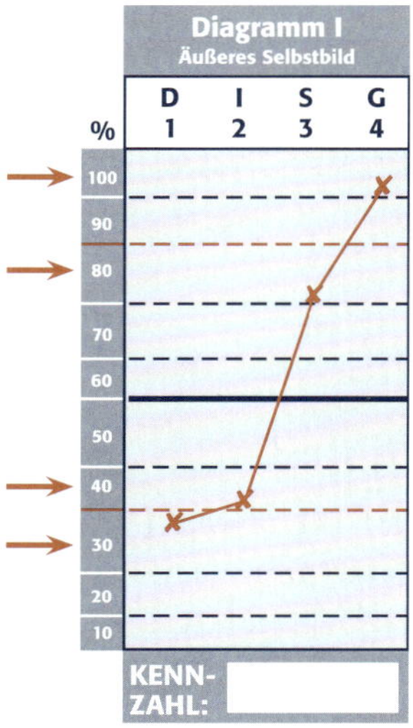

- Tragen Sie diese Prozentzahl in die Auswertungsbox II ein, und zwar in das entsprechende Kästchen des oberen Feldes (siehe Beispiel).

Beispiel

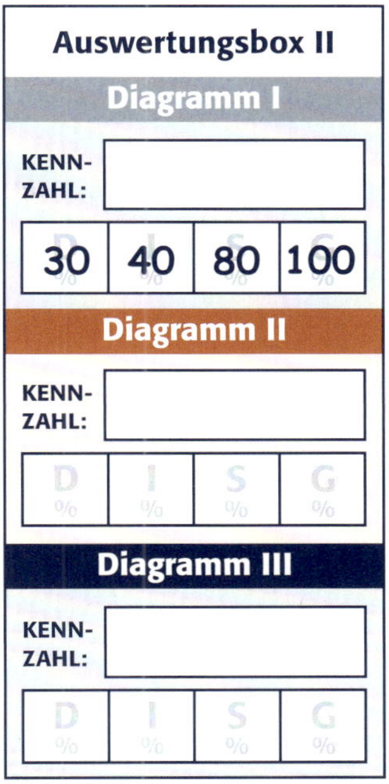

- Verfahren Sie genauso mit den I-, S- und G-Spalten.
- Übertragen Sie schließlich die Werte aus den Diagrammen II und III.

Anhand der drei Diagramme, den zugehörigen Kennzahlen und Prozentwerten können Sie nun fünf Interpretationsstufen bearbeiten:

Stufe 1 Die *Interpretationsstufe 1* dient zum allgemeinen Verständnis der Verhaltensdimensionen Dominanz, Initiative, Stetigkeit und Gewissenhaftigkeit. Sie finden hier eine Kurzbeschreibung und erfahren etwas über Ihre eigene besonders ausgeprägte Verhaltensdimension.

Stufe 2 Gegenstand der *Interpretationsstufe 2* ist die Beschäftigung mit Ihrem äußeren Selbstbild. Sie setzen sich mit Ihren Absichten auseinander und mit der Frage, wie Sie Ihr Verhalten situationsgemäß anpassen können. Ziel ist es dabei, unterschiedlichen Erwartungen künftig effektiver zu begegnen.

Stufe 3 Die Analyse Ihres inneren Selbstbildes ist Thema der *Interpretationsstufe 3*. Sie erfahren mehr über Ihre persönlichen Überzeugungen und darüber, wie diese Ihr Handeln bestimmen.

Stufe 4 Bei der *Interpretationsstufe 4* geht es um die Untersuchung Ihres integrierten Selbstbildes. Sie befassen sich genauer mit Ihrer persönlichen Verhaltenstendenz und bekommen unter anderem Hinweise auf Strategien für mehr Effektivität.

Stufe 5 Die *Interpretationsstufe 5* zeigt Ihnen, wie hoch Ihre Stressintensität ist. Eine vergleichende Betrachtung Ihrer Absichten, Überzeugungen und persönlichen Werte liefert Hinweise darauf, wie Sie Ihr Stressniveau reduzieren können.

Interpretationsstufe 1
DISG® verstehen

Ziel der ersten Interpretationsstufe ist es, dass Sie die vier grundlegenden Verhaltensdimensionen kennen lernen. Bei diesen Dimensionen handelt es sich um

- Dominanz,
- Initiative,
- Stetigkeit und
- Gewissenhaftigkeit.

Der Name DISG

Die ersten Buchstaben dieser vier Dimensionen haben dem DISG® Persönlichkeitsprofil seinen Namen gegeben.

Die Betrachtung des DISG® Persönlichkeitsprofils ermöglicht auf der Ebene der vorherrschenden Verhaltensdimension Aussagen zu folgenden Aspekten:

- Kerneigenschaften der Verhaltensdimension,
- Ziel,
- Grundbedürfnis,
- Motivation,
- Grundangst.

Mit den vier Verhaltensdimensionen sind typische Merkmale gekoppelt. Eine Auswahl davon können Sie beim Durcharbeiten der ersten Interpretationsstufe kennen lernen. Sie beschreiben die Menschen in ihrer Vielfalt noch nicht hinreichend, sondern liefern nur erste Hinweise.

Das folgende Koordinatensystem verortet die vier Verhaltensdimensionen in vier Quadranten. Bei jedem Menschen sind Anteile aller vier Dimensionen vorhanden, wobei diese jeweils unterschiedlich stark ausgeprägt sind. Dies wird durch die Position Ihrer Kennzahl innerhalb des Quadranten deutlich.

Auf Interpretationsstufe 1 wird die vorherrschende Verhaltensdimension näher betrachtet. Es können auch zwei bzw. maximal drei Dimensionen stark ausgeprägt sein. Dies ist einerseits abhängig von der Persönlichkeit des Anwenders und andererseits bestimmt durch den Blick auf das Umfeld, für das der Anwender das DISG® Persönlichkeitsprofil erstellt hat. Falls nicht nur eine Verhaltensdimension dominiert, besteht die Kennzahl aus zwei bzw. drei Ziffern.

Die vier Verhaltensdimensionen

		Wahrnehmung des Umfeldes	
		anstrengend/stressig	angenehm/nicht stressig
Reaktion auf das Umfeld	bestimmt	1 12 **Dominanz** (direktiv) 124 14 13	21 2 **Initiative** (interaktiv) 123 24 23
	zurückhaltend	41 42 **Gewissenhaftigkeit** (korrigierend) 134 4 43	31 32 **Stetigkeit** (unterstützend) 234 34 3

Anleitung

- Nehmen Sie das Lesezeichen zur Hand und legen Sie es so ins Buch, dass die Auswertungsbox II zu sehen ist.
- Suchen Sie Ihre Kennzahl aus Diagramm III im Koordinatensystem und kreisen Sie sie ein.
- Ihre eingekreiste Kennzahl befindet sich in einem der vier Quadranten *Dominanz, Initiative, Stetigkeit* oder *Gewissenhaftigkeit.*
- Lesen Sie sich die Informationen zu diesem Quadranten durch und markieren Sie die Aussagen, die auf Sie zutreffen.
- Falls bei Ihnen zwei oder drei Verhaltenstendenzen besonders ausgeprägt sind, lesen Sie bitte die Informationen zu den entsprechenden Dimensionen durch. Wenn Sie also beispielsweise die Kennzahl 123 ermittelt haben, lesen Sie die Informationen zur dominanten, initativen und stetigen Verhaltensdimension auf den folgenden Seiten.
- Markieren Sie die Aussagen, die auf Sie zutreffen.
- Lernen Sie die anderen Verhaltensdimensionen kennen, indem Sie die entsprechenden Seiten lesen.

D Dominanz

Kerneigenschaften der Verhaltensdimension

Menschen mit ausgeprägt dominanter Verhaltensdimension betrachten das Umfeld als herausfordernd und anstrengend (stressig). Sie wollen andere besiegen. Sie versuchen, Hindernisse durch Zielstrebigkeit zu überwinden. Oft arbeiten sie unabhängig von anderen. Menschen mit ausgeprägt dominanter Verhaltensdimension lassen sich als aktiv und entschlossen charakterisieren.

Kennzahlen

1, 12, 13, 14, 124

Ziel

- Das Umfeld formen;
- Widerstand überwinden, um Ergebnisse zu erzielen.

Grundbedürfnis

Unabhängigkeit

Motivation

- Möglichkeiten, sich zu behaupten;
- sich mit anderen messen;
- zeigen, was sie können;
- sich Respekt verschaffen;
- sich durchsetzen;
- gefürchtet sein;
- um das Überleben kämpfen;
- erfolgreich sein;
- verlieren das Interesse, wenn die Aufgaben zur Routine werden.

Grundangst

Bezwungen zu werden.

Initiative

I

Kerneigenschaften der Verhaltensdimension

Menschen mit ausgeprägt initiativer Verhaltensdimension betrachten das Umfeld als angenehm (nicht stressig). In ihren Augen besteht es hauptsächlich aus Menschen, die ermutigt und angespornt werden müssen. Sie sind aufgeschlossen, freundlich und überzeugend. Menschen mit ausgeprägt initiativer Verhaltensdimension lassen sich als gesprächig und offen charakterisieren.

Kennzahlen

2, 21, 23, 24, 123

Ziel

- Das Umfeld formen;
- andere einbinden, um Ergebnisse zu erzielen.

Grundbedürfnis

Akzeptiert zu werden.

Motivation

- Möglichkeit, Spaß zu haben;
- die Gefühle anderer verstehen;
- mit Menschen umgehen;
- Angst unterdrücken, indem sie in Bewegung bleiben und Zeit und Mühe nicht aufrechnen.

Grundangst

Benachteiligt zu werden.

S Stetigkeit

Kerneigenschaften der Verhaltensdimension

Menschen mit ausgeprägt stetiger Verhaltensdimension betrachten ihr Umfeld als angenehm (nicht stressig), wenn alle zusammenarbeiten, um Ziele zu erreichen. Sie sind berechenbar, verlässlich und kooperativ. Menschen mit ausgeprägt stetiger Verhaltensdimension lassen sich als verlässlich und kooperativ charakterisieren.

Kennzahlen

3, 31, 32, 34, 234

Ziel

Mit anderen zusammenarbeiten, um Ergebnisse zu erzielen.

Grundbedürfnis

Sicherheit

Motivation

- Möglichkeit, die wahren Gefühle auszudrücken;
- ablehnen, was ihren Vorstellungen widerspricht;
- von anderen wichtig genommen werden;
- Forderungen gegenüber anderen rechtfertigen.

Grundangst

Allein zu sein.

G

Gewissenhaftigkeit

Kerneigenschaften der Verhaltensdimension

Menschen mit ausgeprägt gewissenhafter Verhaltensdimension betrachten ihr Umfeld als anstrengend (stressig) und wirken häufig konfus. Sie versuchen, Schwierigkeiten aus dem Weg zu gehen und möglichst viel Ordnung zu bewahren. Was Sorgfalt und Genauigkeit betrifft, sind sie für andere beispielhaft. Menschen mit ausgeprägt gewissenhafter Verhaltensdimension lassen sich als diszipliniert und besorgt charakterisieren.

Kennzahlen

4, 41, 42, 43, 134

Ziel

Mit anderen über mögliche Konsequenzen von Aktivitäten reden.

Grundbedürfnis

Dinge richtig zu machen.

Motivation

- Möglichkeit, andere fair zu behandeln;
- die Welt verbessern;
- Fehler ausmerzen;
- die eigene Ansicht rechtfertigen;
- alles nach einer einheitlichen Vorstellung beurteilen;
- sich von bedrohlichen Dingen fern halten.

Grundangst

Kritisiert zu werden.

Vier Arten des Handelns und Wahrnehmens

Mit Blick auf die vier Verhaltensdimensionen *Dominanz, Initiative, Stetigkeit* und *Gewissenhaftigkeit* gibt es vier Arten,

- sich selbst oder andere zu fördern,
- sich selbst oder andere zu motivieren,
- sich selbst oder anderen Anerkennung zu geben,
- zu coachen und zu beraten,
- Probleme zu lösen,
- zu delegieren,
- zu korrigieren,
- Entscheidungen zu treffen,
- zu kommunizieren.

Beispiel

Ein Beispiel verdeutlicht, was damit gemeint ist. Nehmen Sie einmal an, Sie wollen Ihre Mitarbeiter dazu bringen, kurzfristig Überstunden zu leisten, um Ihr Projekt zu retten. Wie können Sie Ihre Mitarbeiter motivieren und dabei die vier Verhaltensdimensionen berücksichtigen?

Dominantes Verhalten

Beim Mitarbeiter mit einer ausgeprägt *dominanten* Verhaltensdimension sollten Sie an seinen Ehrgeiz und seinen Willen zum Sieg appellieren. Es hilft, wenn Sie zielstrebig sprechen, die Fakten auf den Tisch legen und wettbewerbsorientiert argumentieren. Sie müssen ihn auf das Projekt ansetzen und ihm dann die Kontrolle überlassen.

Initiatives Verhalten

Den Mitarbeiter mit einer ausgeprägt *initiativen* Verhaltensdimension können Sie gewinnen, wenn Sie seinen Gemeinschaftssinn berücksichtigen. Sie sollten daher kollegial und in Wir-Form sprechen. Sie müssen seine Begeisterung wecken und ihm klar machen, dass Sie gerade ihn brauchen, um gemeinsam das Projekt zum Erfolg zu bringen. Sie sollten ihm erklären, dass er dem Team hilft und dass er und das Team gut dastehen werden, wenn alles gelingt.

Stetiges Verhalten

Wenn Sie einen Mitarbeiter mit einer ausgeprägt *stetigen* Verhaltensdimension überzeugen wollen, Wochenendarbeit zu leisten, müssen Sie freundlich fragen, ob er Ihnen vielleicht helfen könne. Sie sollten ihm dann Schritt für Schritt erklären, was Sie für ein Problem haben und wie er dazu beitragen kann, das Projekt zu retten. Eine genaue Anleitung und bekannte Rahmenbedingungen sind hilfreich. Sie müssen ihm zeigen, dass Sie hinter ihm stehen.

Gewissenhaftes Verhalten

Der Mitarbeiter mit einer ausgeprägt *gewissenhaften* Verhaltensdimension braucht von Ihnen eine klare Problemanalyse mit möglichst exakten Daten. Sie sollten in Ihrer Argumentation sachlich, analytisch und genau vorgehen. Sie müssen ihm nachvollziehbar aufzeigen, dass Sie jetzt genau ihn brauchen, weil gerade er so gewissenhaft arbeitet und der Erfolg des Projektes von seiner Genauigkeit abhängt.

Es gibt also vier Ansatzpunkte für die vier Verhaltensdimensionen:

- Ein Mensch mit einer primär dominanten Verhaltensdimension interessiert sich vor allem dafür, *was* getan werden soll.
- Ein Mensch mit einer primär initiativen Verhaltensdimension möchte wissen, *wer* was tun soll.
- Ein Mensch mit einer primär stetigen Verhaltensdimension möchte darüber informiert sein, *wie* etwas getan werden soll.
- Ein Mensch mit einer primär gewissenhaften Verhaltensdimension muss erfahren, *warum* etwas getan werden soll.

Dabei gilt: Je stärker eine Verhaltensdimension ausgeprägt ist, desto intensiver sollten Sie sich darauf einstellen.

Es gibt keinen Menschen, dessen Verhalten ausschließlich von einer einzigen Verhaltensdimension geprägt ist. Stets sind Anteile aller vier Dimensionen vorhanden, wenngleich in unterschiedlicher Intensität.

Daher darf die Analyse des situativen Verhaltens auch nicht bei dem groben Raster der ersten Interpretationsstufe stehen bleiben. Die Aussagekraft des DISG® Modells entfaltet sich erst, wenn die individuelle Kombination der Verhaltensdimensionen berücksichtigt wird. Die folgenden Interpretationsstufen ziehen daher auch die weniger stark ausgeprägten Verhaltensdimensionen in Betracht.

Interpretationsstufe 2
Anpassung an ein sich veränderndes Umfeld

Ziel der zweiten Interpretationsstufe ist die Beschäftigung mit Ihrem Verhalten hinsichtlich Ihrer Reaktionen auf das Umfeld. Dabei spielt das äußere Selbstbild eine entscheidende Rolle.

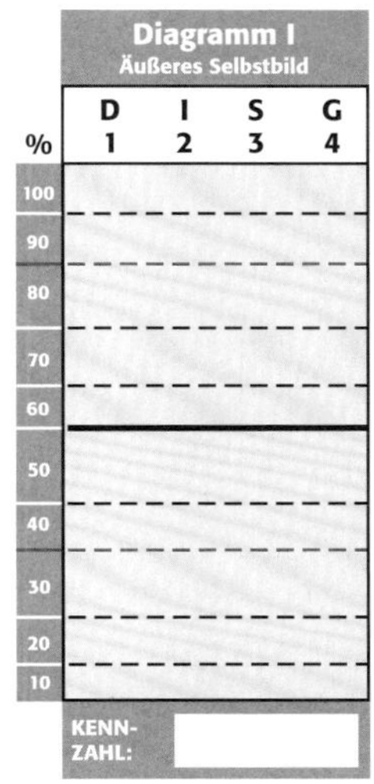

Unser äußeres Selbstbild ist das Bild, das wir anderen gegenüber zeigen. Es ist das Bild, das die anderen von uns haben sollen. Zum großen Teil hat sich unser äußeres Selbstbild als Reaktion auf die Erwartungen anderer entwickelt. Bei der Anpassung an Veränderungen in unserem Umfeld entwickelt es sich weiter. Wir können mehrere verschiedene äußere Selbstbilder haben, je nachdem welches Verhalten bestimmte Personen und Situationen erfordern.

Aufschlüsse über unser äußeres Selbstbild liefert die Interpretation von Diagramm I. Jeder Punkt in Diagramm I spiegelt die Intensität einer der vier Faktoren des äußeren Selbstbildes wider. In Bezug auf die vier Verhaltensdimensionen sind es diese Faktoren:

D – Durchsetzungsvermögen,
I – Anerkennung,
S – Leistungsbereitschaft,
G – Gerechtigkeitssinn.

Unsere anpassungsfähigen Antennen stellen sich auf die Erwartungen anderer ein und signalisieren möglicherweise Veränderungsbedarf.

Einen Arbeitsplatz zu finden kann beispielsweise Durchsetzungsvermögen erfordern (D). Den Arbeitsplatz zu behalten kann möglicherweise mehr Leistungsbereitschaft erfordern (S).

Wenn wir lernen, die Intensität der vier Verhaltenstendenzen unseres äußeren Selbstbildes situationsgemäß anzupassen, können wir unterschiedlichen Erwartungen effektiver begegnen. Der Anpassungsprozess läuft folgendermaßen ab:

Absicht + Empfindung = Handlung

Absichten verändern

Der erste Schritt besteht daher in der Veränderung unserer Absichten. Die Absichten lösen Gefühle aus, die uns veranlassen, in beruflichen und gesellschaftlichen Situationen richtig zu reagieren.

Die Interpretation von Diagramm I zeigt Ihre derzeitigen Absichten auf.

Anleitung

- Lesen Sie die einzelnen Absichten in der Tabelle auf der rechten Seite durch.
- In die Spalte „Selbstbewertung" tragen Sie Ihre persönliche Bewertung zwischen 1 und 10 ein. Die 1 ist die höchste Bewertung; Sie vergeben die 1 also für die Absicht, die Ihnen am wichtigsten ist.
- Bitte verwenden Sie jede Zahl nur einmal.
- Folgen Sie bitte anschließend den Hinweisen auf Seite 58.

Anpassung des Verhaltens

%	Bewertung	Selbst-bewertung	Absichten	
			Neues schaffen:	Ich möchte meine Unzufriedenheit in positive Ideen umwandeln, um Neues zu schaffen.
			Übereinstimmung:	Ich möchte andere zufrieden und glücklich machen, um akzeptiert zu werden.
			Handlungsfähig sein:	Ich möchte verschiedene neue Interessen entwickeln, um das zu tun, was ich mag.
			Risiken eingehen:	Ich möchte die Grenzen überschreiten, die andere einschränken, um Gelegenheiten zu ergreifen.
			Fakten einbeziehen:	Ich möchte nachforschen, um den Dingen auf den Grund zu gehen.
			Mehr Macht haben:	Ich möchte leiten und Autorität ausüben, um Verantwortung zu übernehmen.
			Harmonie erzeugen:	Ich möchte Ideen und Gefühle mit anderen teilen, um Ausgleich zu schaffen.
			Spaß haben:	Ich möchte Spaß haben und mich vergnügen, um zu entspannen und zu genießen.
			Vorsichtig handeln:	Ich möchte Gefahren und Schäden vermeiden, um den richtigen Weg zu gehen.
			Erfolg auskosten:	Ich möchte für meine Mühe gelobt werden, damit mir der Erfolg deutlich bewusst wird.

- Nehmen Sie das Lesezeichen zur Hand und legen Sie es so ins Buch, dass die Auswertungsbox II zu sehen ist.
- Suchen Sie nun Ihre Kennzahl aus Diagramm I in der ersten Zeile der unten stehenden Tabelle und kreisen Sie sie ein.
- Kreisen Sie die einzelnen Prozentzahlen in Ihrer Spalte ein und übertragen Sie diese in die Spalte „%“ in die Tabelle auf Seite 57.
- Tragen Sie eine 1 in die Spalte „Bewertung“ neben Ihrer höchsten Prozentzahl ein. Ordnen Sie die übrigen Prozentzahlen ein (eine 2 neben die zweithöchste Zahl, eine 3 neben die dritthöchste Zahl etc.). Vergleichen Sie Ihre „Bewertung“ mit den Zahlen der „Selbstbewertung“.
- Kreisen Sie nun die Zahlen in den Spalten „Bewertung“ ein, die die größten Differenzen zur Spalte „Selbstbewertung“ aufzeigen.

Absichten

Kennzahlen aus Diagramm I	1	2	3	4	12	13	14	21	23	24	31	32	34	41	42	43	123	124	134	234
Absichten	%	%	%	%	%	%	%	%	%	%	%	%	%	%	%	%	%	%	%	%
Neues schaffen	10	3	6	8	8	12	17	7	7	5	8	5	6	17	6	7	5	22	10	4
Übereinstimmung	6	8	25	20	6	6	8	6	18	4	12	20	23	11	3	21	15	2	15	22
Handlungsfähig sein	11	20	4	6	16	14	6	19	12	15	11	9	5	4	11	3	18	12	4	10
Risiken eingehen	15	7	5	4	12	20	15	10	2	12	14	2	3	8	9	2	6	10	12	3
Fakten einbeziehen	7	5	18	12	5	10	20	5	9	8	17	13	15	22	18	18	7	15	21	12
Mehr Macht haben	25	10	2	3	20	15	10	17	3	7	10	3	7	6	4	5	12	17	8	6
Harmonie erzeugen	2	15	15	10	4	8	4	4	25	18	13	26	10	9	21	12	16	3	6	15
Spaß haben	3	18	10	2	11	5	3	13	15	6	4	11	4	3	5	4	10	8	3	8
Vorsichtig handeln	5	2	12	30	3	3	12	3	5	3	5	7	25	15	8	27	3	5	19	18
Erfolg auskosten	16	12	3	5	15	7	5	16	4	22	6	4	2	5	15	1	8	6	2	2

Auswertung

Überprüfen Sie Ihre Absichten, indem Sie darüber nachdenken, ob Sie die Differenz positiv oder negativ bewerten.

Folgende Differenzen bewerte ich *positiv:*

Folgende Differenzen bewerte ich *negativ:*

Um mein Handeln künftig besser auf die Erfordernisse meines Umfeldes abzustimmen, nehme ich mir für meinen Alltag konkret vor:

Interpretationsstufe 3
Inneres Begründungssystem

Ziel der dritten Interpretationsstufe ist die Auseinandersetzung mit Ihrem inneren Begründungssystem. Unser inneres Selbstbild ist wie ein Leitstern. Es bewahrt unsere persönlichen Überzeugungen, wer wir sind und was wir von uns erwarten. Die persönlichen Überzeugungen, die unserem inneren Selbstbild zugrunde liegen – unser Charakter –, wurden bereits früh in unserer Gefühlswelt angelegt.

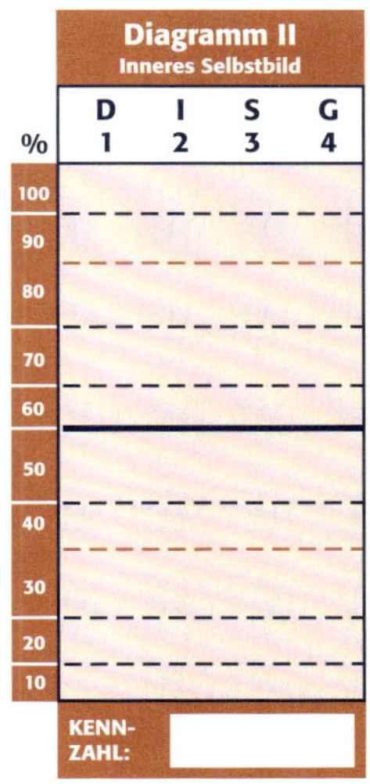

Trotz der Bedeutung dieser prägenden Jahre überprüfen wir unsere persönlichen Überzeugungen weiterhin, bejahen einige, ändern andere oder lehnen sie ab. Aus diesem Überprüfungsprozess entwickelt sich unser „inneres Begründungssystem", das sich langsam durch Ereignisse im Leben verändert.

Mit der Interpretation von Diagramm II gewinnen Sie Erkenntnisse über Ihr inneres Begründungssystem. Die Positionen der vier Punkte im Diagramm veranschaulichen die Intensität der Empfindungen, die bestimmte persönliche Überzeugungen umgeben.

In Bezug auf die vier Verhaltensdimensionen geht es um die persönlichen Überzeugungen und Handlungsweisen in den Bereichen

D – Entscheidungsfindung,
I – Umgang mit Menschen,
S – Umgang mit Aufgaben,
G – Einhalten von Standards.

Die Auswertung des Diagramms zeigt auf, welche persönlichen Überzeugungen Ihr Verhalten beeinflussen. Das Bestimmen und Bewerten der persönlichen Überzeugungen kann Ihnen dabei helfen, Ihre Lebensrichtung noch bewusster zu gestalten.

Anleitung

- Nehmen Sie das Lesezeichen zur Hand und legen Sie es so ins Buch, dass die Auswertungsbox II zu sehen ist.
- Sehen Sie sich die Prozentzahlen (10–100) von Diagramm II an.
- Auf den Seiten 64 bis 67 finden Sie die Übersicht persönlicher Überzeugungen.
- Suchen Sie Ihre Prozentzahl für D auf Seite 64.
- Markieren Sie die Beschreibung, die der betreffenden Zahl entspricht (siehe Beispiel).
- Verfahren Sie genauso mit den Seiten für I, S und G.
- Lesen Sie die Zusammenfassungen der persönlichen Überzeugungen und die dazugehörigen Erläuterungen.

Beispiel

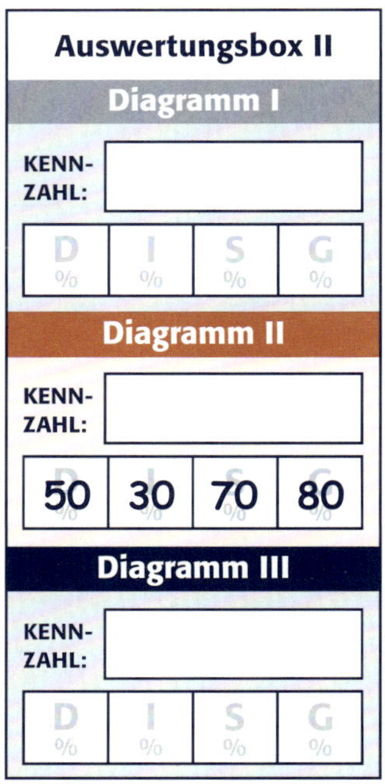

	D	I	
100 %			100 %
80–90%			80–90%
70 %			70 %
60 %			60 %
50 %	X		50 %
30–40 %		X	30–40 %
10–20 %			10–20 %

	S	G	
100 %			100 %
80–90%		X	80–90%
70 %	X		70 %
60 %			60 %
50 %			50 %
30–40 %			30–40 %
10–20 %			10–20 %

	D
	Persönliche Überzeugungen und Entscheidungsfindung
100 %	**Will verantwortlich sein** – Will das letzte Wort haben; – verwendet Fakten und logische Argumente, um andere zu bezwingen; – stellt sich der Konkurrenz; – nimmt Herausforderungen an; – will die Nummer Eins sein.
80-90%	**Will schnell ans Ziel kommen** – Ergreift die Initiative; – trifft klare, prägnante Entscheidungen, die auf den Anforderungen der Situation beruhen; – wehrt Widerstand ab; – trifft Entscheidungen, ohne sich von anderen beeinflussen zu lassen.
70%	**Will bestimmen** – Handelt schnell und zuversichtlich, um dabei mächtiger und einflussreicher zu werden; – sagt, was zu tun ist; – stellt gegenteilige Meinungen infrage.
60%	**Will vorhandenes Potenzial nutzen** – Sucht nach machbaren Lösungen; – unterstützt andere bei der Entwicklung der Fähigkeit, Entscheidungen zu treffen; – nutzt seine/ihre Macht sinnvoll; – gibt nur gegenüber mutiger und respektierter Führung nach.
50%	**Will Führung akzeptieren** – Hat relativ starke Überzeugungen, aber gibt etwas nach, wenn andere ihre Meinung nachdrücklich vertreten; – verbessert die Chancen durch Nähe zu Personen, die Entscheidungen treffen; – toleriert andere Meinungen.
30-40%	**Will Für und Wider abwägen** – Springt nicht unbedacht ins Wasser; – geht nur kalkulierte Risiken ein; – setzt sich für besondere Menschen ein, aber vermeidet es, als ehrgeizig angesehen zu werden; – plant Handlungsweise voraus.
10-20%	**Will vorsichtig sein** – Bittet um entschlossene, rechtzeitige Entscheidungen; – ist anpassungsfähig; – hält sich an vereinbarte Richtlinien; – hält wirkliche Gefühle zurück, bis Vertrauen aufgebaut wurde.

I

Persönliche Überzeugungen und Umgang mit Menschen

Will begeistern ☐ **100 %**
- Kann andere aktivieren;
- ist auf irgendeine Weise außergewöhnlich – Energie, Charme, Beliebtheit;
- verkauft sich mit Humor;
- motiviert andere durch faszinierende Präsentation von Ideen.

Will loben ☐ **80-90%**
- Ermutigt andere, wenn etwas Positives geschieht;
- beruhigt die Gemüter, um die Gruppe zusammenzuhalten;
- wählt leidenschaftliche, engagierte Menschen aus;
- verlässt sich in problematischen Situationen auf Freunde.

Will neue Wege gehen ☐ **70%**
- Ändert bei Schwierigkeiten die Taktik;
- fördert Diskussionen;
- überzeugt andere davon, alternative Möglichkeiten zu erwägen;
- gibt sich große Mühe, dass sie darauf reagieren.

Will andere mit einbeziehen ☐ **60%**
- Achtet auf Ideen anderer und wählt sie aus;
- ist bereit, anderen zu helfen;
- gibt anderen die Gelegenheit, sich zu äußern;
- verwendet eine wohlwollende Sprache.

Will klare Worte wählen ☐ **50%**
- Wehrt sich gegen Menschen, die die Redefreiheit einschränken wollen;
- setzt klare Maßstäbe für die Kommunikation;
- gibt anderen Feedback und erwartet, dass sie es annehmen;
- erreicht Unterstützung durch Aufrichtigkeit.

Will logisch denken ☐ **30-40%**
- Drückt sich sorgfältig und behutsam aus;
- schaltet emotional ab, wenn andere zu kritisch sind;
- nimmt sich Zeit zum Nachdenken.

Will für sich sein ☐ **10-20%**
- Schweigt, um Missfallen auszudrücken;
- hält andere auf Abstand;
- kritisiert die Verantwortlichen;
- entwickelt Glauben an die eigenen Ideen, um Sicherheit zu gewinnen.

S

	Persönliche Überzeugungen und Umgang mit Aufgaben
100 %	**Will andere unterstützen** – Ist zuverlässig; – weiß die Anstrengungen des Teams zu schätzen; – tut für andere, was ihnen schwer fällt; – achtet auf Details; nimmt Beschwerden ernst.
80-90%	**Will Aufgaben erfüllen** – Arbeitet stetig und geduldig; – mag keine Eile und Termindruck; – zieht persönliche Verpflichtungen konsequent durch; – ist verlässlich und aufgeschlossen; macht sich unentbehrlich.
70%	**Will sich wohl fühlen** – Sucht Möglichkeiten, sich in ein Team einzubringen; – hält Dinge in Ordnung; – bleibt ruhig; – hinterfragt Arbeit, die persönliche Veränderungen erfordert; – ist praktisch und verlässlich.
60%	**Will Anerkennung/Sicherheit bekommen** – Gibt ein Tempo vor und hält sich daran, wenn die persönlichen Bemühungen anerkannt werden; – besteht darauf, dass Verantwortlichkeiten klar geregelt sind; – erwartet, dass Anerkennung gerecht verteilt wird.
50%	**Will feststellen, wer kompetent ist** – Zeigt „gerechtfertigten" Ärger, wenn andere aufgeben; – besteht darauf, dass Teammitglieder gleichwertige Fähigkeiten haben; – überprüft die Ansichten anderer, aber gibt ihnen Recht, wenn ihre Schlussfolgerungen sich bestätigen.
30-40%	**Will schnell auf Veränderungen reagieren** – Sucht neue Herausforderungen; – schätzt die eigenen Fähigkeiten realistisch ein; – ist vielseitig; – steigert die Leistung; – übt sein Wahlrecht aus; delegiert Aufgaben, wenn möglich.
10-20%	**Will viele Projekte am Laufen halten** – Sucht die Freiheit von Strukturen; – betrachtet Gruppenveranstaltungen als Zeitverschwendung; – handelt oft spontan; – zeigt Unzufriedenheit; – ist rastlos und mobil.

G

Persönliche Überzeugungen und Einhalten von Standards

Will präzise und akkurat sein – Durchdenkt Dinge vor dem Handeln; – hat klare Antworten auf eindringliche Forderungen; – verteidigt einen Standpunkt mit harten Fakten; – vermeidet Irrtümer.	☐ 100 %
Will vernünftig sein – Nimmt Rücksicht auf die Gefühle anderer; – benutzt Logik, um auf die Bedürfnisse anderer einzugehen; – bildet sich mit Hilfe von Fakten und Details eine Meinung; – folgt hohen persönlichen Standards.	☐ 80-90%
Will sich anstrengen – Setzt bewusst hohe Standards; – kümmert sich intensiv um die Befriedigung der Erwartungen anderer; – konzentriert sich bei der Qualitätssicherung auf Details; – zeigt keine Toleranz gegenüber Faulenzern.	☐ 70%
Will vorsichtig handeln – Erfüllt äußerlich die Bitten respektierter Personen; – vermeidet unkontrollierbare Ereignisse; – vermeidet Feindseligkeit, aber zahlt mit gleicher Münze heim, wenn es zu viel wird.	☐ 60%
Will auf Regeln achten – Testet alte und neue Ideen mit Hilfe von Erfahrung und bekannten Fakten; – nutzt gutes Urteilsvermögen bei der Interpretation von Regeln; – hilft anderen, ihr falsches Verhalten zu erkennen; – fördert Selbstdisziplin.	☐ 50%
Will unpopuläre Standpunkte deutlich machen – Versteckt negative Gefühle, aber stellt Forderungen, wenn nötig; – kritisiert Menschen, die neue Ideen ersticken wollen; – rechtfertigt Maßnahmen, die Wahrheit und Gerechtigkeit aufrechterhalten.	☐ 30-40%
Will unabhängig handeln – Zeigt Schwächen oder Versagen eines Systems auf, um es zu bewerten; – gesteht anderen zu, aus Fehlern zu lernen; – kann ohne strenge Überwachung arbeiten.	☐ 10-20%

Auswertung

Inwieweit treffen die persönlichen Überzeugungen auf Sie zu?

D ______________________________

I ______________________________

S ______________________________

G ______________________________

Welchen Beitrag leisten Sie mit Ihren persönlichen Überzeugungen für Ihr gewähltes Umfeld?

____

____

Wo sehen Sie das Positive Ihrer persönlichen Überzeugungen?

____

____

Welche potenziellen Begrenzungen können Sie erkennen?

____

____

Welche Verhaltensdimensionen möchten Sie gegebenenfalls aufbauen oder verringern, um möglichst positiv in Ihrem Umfeld handeln zu können?

____

____

Interpretationsstufe 4
Erfolgsstrategien entwickeln

Die vier Verhaltensdimensionen **D**, **I**, **S** und **G** sind bei jedem Menschen unterschiedlich stark ausgeprägt. Ziel der vierten Interpretationsstufe ist es, durch den Blick auf die individuelle Ausprägungskombination zu differenzierteren Aussagen zu kommen. Basis dafür ist das integrierte Selbstbild.

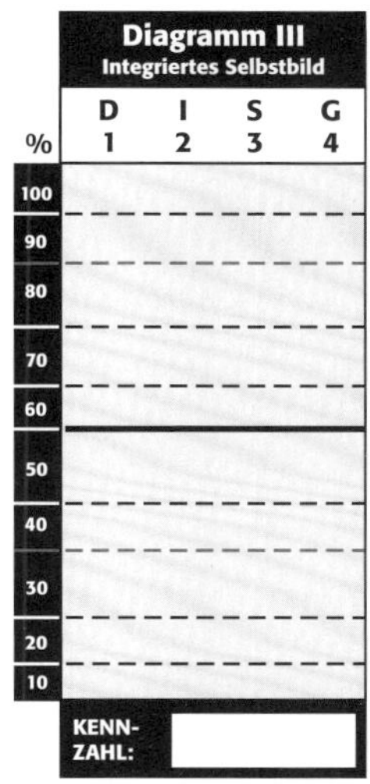

Moderne Persönlichkeitstheorien definieren das integrierte Selbstbild als Schnittstelle zwischen Individuum und Gesellschaft. Diagramm I beschreibt das „äußere Selbstbild“, also das, was die Gesellschaft unserer Meinung nach von uns erwartet. Diagramm II ist eine Beschreibung des „inneren Selbstbildes“, also dessen, was wir von uns selbst erwarten. Als Schnittstelle zwischen Diagramm I und II bildet Diagramm III die Grundlage der Interpretationsstufe 4.

Die Analyse des DISG® Persönlichkeitsprofils ermöglicht auf der Ebene der individuellen Ausprägungskombination Erkenntnisse zu ganz unterschiedlichen Fragen:

- Welches Verhalten bevorzugen Sie?
- Welche möglichen Schwächen können auftreten?
- Auf welche Weise bewältigen Sie Aufgaben?
- Von welchen Grundtendenzen ist Ihr Handeln allgemein geprägt?
- Was motiviert Sie?
- Welche persönlichen Werte schätzen Sie als besonders wichtig ein?
- Auf welche Weise überzeugen Sie andere Menschen?

- Wie gehen Sie mit Konflikten um?
- Wie reagieren Sie unter Druck?
- Wie verhalten Sie sich als Teamleiter?
- Wie verhalten Sie sich als Teammitglied?
- Welche Aufgaben bzw. Funktionen bevorzugen Sie?
- Welche Strategien können Ihnen zu mehr Effektivität verhelfen?

Auch wenn jeder Mensch einzigartig ist, gibt es viele Gemeinsamkeiten und Ähnlichkeiten in der Persönlichkeit. Das DISG® Modell unterscheidet 20 idealtypische Verhaltenstendenzen. Basis für diese 20 typischen Muster ist die Kombination der Ausprägungen von D, I, S und G.

Anleitung

- Nehmen Sie das Lesezeichen zur Hand und legen Sie es so ins Buch, dass die Auswertungsbox II zu sehen ist.
- Kreisen Sie Ihre Kennzahl aus Diagramm III in der linken Spalte der folgenden Tabelle ein.
- In der rechten Spalte sehen Sie, ab welcher Seite Sie die Interpretationen Ihrer Verhaltenstendenz finden.
- Lesen Sie die Interpretationen durch.
- Bewerten Sie anschließend den Grad Ihrer Zustimmung in der Reaktionstabelle, indem Sie eine Zahl zwischen 1 und 9 einkreisen.
- Bearbeiten Sie die Aufgaben und Fragen.
- Erarbeiten Sie danach Seite 192 bis 194.

Kennzahl aus Diagramm III	Seite
1	72
2	78
3	84
4	90
12	96
13	102
14	108
21	114
23	120
24	126
31	132
32	138
34	144
41	150
42	156
43	162
123	168
124	174
134	180
234	186

Verhaltenstendenz 1/D

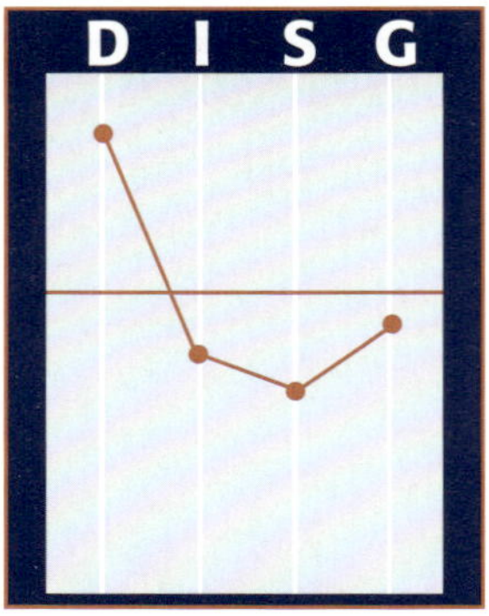

1. Verhaltenstendenz

- Nutzt Chancen;
- geht gerne mit schwierigen Situationen um;
- setzt Prioritäten;
- gibt Anweisungen;
- macht andere Menschen für ihr Handeln verantwortlich;
- misst Ergebnisse, belohnt und bestraft;
- lehnt eine langsamere, überlegtere Art der Zusammenarbeit ab;
- bevorzugt Wettbewerbssituationen;
- reagiert schnell und entschlossen;
- kann am ehesten als *Pionier* bezeichnet werden.

2. Mögliche Schwächen

- Nutzt Informationen, um Macht auszuüben;
- macht Schwierigkeiten, wenn er/sie nicht im Rampenlicht steht;
- will sich nicht in ein Team integrieren;
- verliert das Interesse, wenn es keine Herausforderungen mehr gibt.

3. Bewältigung von Aufgaben

- Erledigt Dinge schnell;
- äußert ausgeprägte Ansichten über Ziele;
- erreicht Ziele mit allen Mitteln;
- bestimmt ein Problem oder einen Feind, dem man sich stellen muss und das/den es zu überwinden gilt;
- erreicht persönliche Hochleistung.

4. Grundtendenzen

- Ereignisse und persönliches Schicksal bestimmen.

5. Motivation

- Möglichkeiten, persönliche Bedürfnisse nach Führung, Individualität und Entschlossenheit zu befriedigen;
- arbeitet gut, wenn sich das Umfeld ständig verändert.

6. Persönliche Werte

- Karriere,
- Herausforderungen,
- Konkurrenz,
- Unabhängigkeit.

7. Überzeugt andere

- Energische Sprache;
- prägnante Logik und präzise Wortwahl;
- souveräner Einsatz von Sachverständigenaussagen und visuellen Hilfen;
- bittet um entschlossenes Engagement;
- kann andere von materiellen Dingen sehr gut und von immateriellen Dingen relativ gut überzeugen.

8. Umgang mit Konflikten

- Konfrontation;
- reagiert ungeduldig und hektisch;
- kümmert sich wenig um Akzeptanz und Beliebtheit;
- möchte, dass andere ihre Ziele aufgeben.

9. Reaktion unter Druck

- Wird produktiver;
- betrachtet Stress als Werkzeug, um Maßnahmen einzuleiten.

10. Als Teamleiter

- Autokratische Führungskraft, die dem Team in anspruchsvollen Situationen die benötigte Richtung gibt;
- belohnt treue Gefolgsleute;
- baut eine Befehlskette auf.

11. Als Teammitglied

- Akzeptiert sinnvolle Veränderungen;
- ist häufig des Teufels Advokat (jemand, der um der Sache willen mit seinen Argumenten die Gegenseite vertritt, ohne selbst zur Gegenseite zu gehören);
- erwartet Anweisungen, was zu tun ist;
- widersteht einer schwachen Führungskraft.

12. Bevorzugte Aufgaben/Funktionen

- Visionär sein, z. B. neue Wege suchen;
- Wichtiges von Unwichtigem unterscheiden, z. B. bei der Beurteilung von Vorschlägen;
- Weitblick zeigen, z. B. vorausplanen, Konsequenzen vorhersagen.

13. Strategien für mehr Effektivität

- Einfühlungsvermögen und Verständnis zeigen;
- zuhören, ohne zu unterbrechen;
- Einwände anderer als Chance nutzen;
- sich nicht auf den Kriegspfad begeben, um andere zu überzeugen;
- andere mehr als hilfsbereite anstatt als gefügige Partner einbinden;
- mit Menschen zusammenarbeiten, die besser im Team kooperieren können (Verhaltenstendenz 23, 32, 234).

Wie stark stimmen Sie den einzelnen Punkten zu? Kreisen Sie in der nachfolgenden Tabelle eine Zahl zwischen 1 und 9 ein.

Meine Reaktion auf	Ich stimme zu			Ich habe Zweifel			Ich stimme nicht zu		
1. Verhaltenstendenz	1	2	3	4	5	6	7	8	9
2. Mögliche Schwächen	1	2	3	4	5	6	7	8	9
3. Bewältigung von Aufgaben	1	2	3	4	5	6	7	8	9
4. Grundtendenzen	1	2	3	4	5	6	7	8	9
5. Motivation	1	2	3	4	5	6	7	8	9
6. Persönliche Werte	1	2	3	4	5	6	7	8	9
7. Überzeugt andere	1	2	3	4	5	6	7	8	9
8. Umgang mit Konflikten	1	2	3	4	5	6	7	8	9
9. Reaktion unter Druck	1	2	3	4	5	6	7	8	9
10. Als Teamleiter	1	2	3	4	5	6	7	8	9
11. Als Teammitglied	1	2	3	4	5	6	7	8	9
12. Bevorzugte Aufgaben/ Funktionen	1	2	3	4	5	6	7	8	9
13. Strategien für mehr Effektivität	1	2	3	4	5	6	7	8	9

Schreiben Sie hier die drei wichtigsten Erkenntnisse auf, die Sie aus Ihrem Profil gewonnen haben.

Wie kann die Erkenntnis aus der Spalte „Grundtendenzen“ Sie in der Erledigung Ihrer täglichen Aufgaben unterstützen?

Wie beeinflussen die Erkenntnisse über Ihre möglichen Schwächen Ihren Arbeitsalltag?

Bitte sehen Sie sich den Teil „Strategien für mehr Effektivität“ Ihres Verhaltensstils genauer an.
Schreiben Sie sich drei Dinge auf, die Sie umsetzen werden, um noch effektiver zu werden.

1.

2.

3.

Verhaltenstendenz 2/I

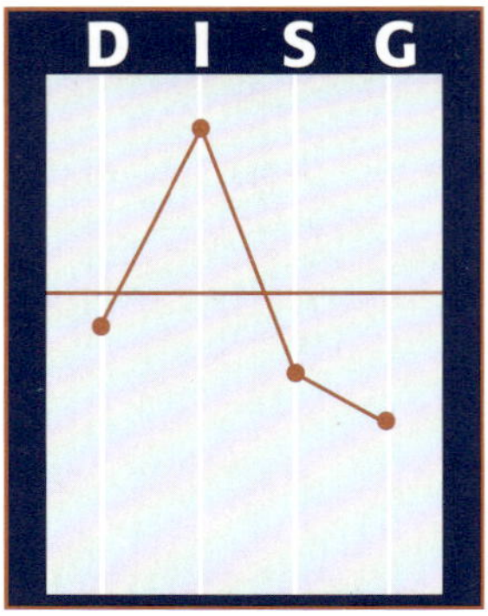

1. Verhaltenstendenz

- Kämpft um Aufmerksamkeit;
- will im Mittelpunkt stehen;
- teilt Ratschläge, Arbeitsmaterial und Erfolg mit anderen;
- baut sofort mit anderen ein harmonisches Verhältnis durch Gefühle und Überzeugungskraft auf;
- ermutigt andere, offen zu sprechen;
- tadelt andere nicht gerne;
- vermeidet es, Gleiches mit Gleichem zu vergelten;
- verlässt sich darauf, dass andere ihn/sie unterstützen;
- kann am ehesten als *Entertainer* bezeichnet werden.

2. Mögliche Schwächen

- Schenkt Routineaufgaben wenig Aufmerksamkeit;
- vereinfacht Lösungen;
- schätzt die Fähigkeiten anderer falsch ein;
- hat häufig Schwierigkeiten, den Zeitaufwand zu kalkulieren.

3. Bewältigung von Aufgaben

- Nutzt die vorhandenen Mittel;
- glaubt, dass neue Situationen neue Methoden erfordern;
- fühlt sich zu Aufgaben hingezogen, die zwischenmenschliche Fähigkeiten und eine positive Einstellung erfordern;
- möchte eine heitere, freundliche Atmosphäre schaffen;
- interessiert sich nicht für Effizienz.

4. Grundtendenzen

- Sich mit vielerlei Aktivitäten beschäftigen.

5. Motivation

- Möglichkeit, das persönliche Bedürfnis nach Akzeptanz, Zugehörigkeit und Zufriedenheit zu befriedigen;
- arbeitet gut, wenn er/sie nicht kontrolliert wird und keine Kleinarbeit leisten muss.

6. Persönliche Werte

- Kontakt zur Außenwelt,
- Anerkennung,
- Status/Prestige,
- Vielfalt.

7. Überzeugt andere

- Nimmt anderen die Befangenheit;
- zeigt Interesse;
- strahlt Charme und Selbstbewusstsein aus;
- kommuniziert, macht Witze, verspricht viel;
- tut Einwände als unwichtig ab;
- kann andere von materiellen Dingen schlecht und von immateriellen relativ gut überzeugen.

8. Umgang mit Konflikten

- Vermeidung;
- glaubt, dass Konflikte andere verletzen;
- fördert Harmonie;
- will von allen akzeptiert und gemocht werden.

9. Reaktion unter Druck

- Erneuert einflussreiche Kontakte;
- setzt Witz und Charme ein, um Kritik abzuwehren.

10. Als Teamleiter

- Kann Spannungen abbauen, indem er/sie berücksichtigt, dass das Team Spaß, Aktivitäten und soziale Kreativität braucht;
- ist bereit, Führung zu teilen.

11. Als Teammitglied

- Baut Brücken, indem er/sie Spannung vermindert;
- verlässt sich auf eine starke Führungskraft, um alle Teammitglieder auf einem produktiven und disziplinierten Kurs zu halten.

12. Bevorzugte Aufgaben/Funktionen

- Für etwas werben, z. B. durch mitreißende Reden;
- andere beraten und unterstützen;
- aus dem Bauch heraus handeln, z. B. unterschwelligen Gefühlen nachgehen;
- Entscheidungen aufgrund von Interpretationen fällen;
- anderen Dinge entlocken, z. B. unausgesprochene Ängste.

13. Strategien für mehr Effektivität

- Sich auf die Aufgabe konzentrieren;
- Termine einhalten;
- energisch und direkt sprechen;
- bei der Entscheidungsfindung Objektivität walten lassen;
- Einwänden direkt begegnen;
- mit Menschen zusammenarbeiten, die besser organisiert sind (Verhaltenstendenzen 4, 43, 134).

Wie stark stimmen Sie den einzelnen Punkten zu? Kreisen Sie in der nachfolgenden Tabelle eine Zahl zwischen 1 und 9 ein.

Meine Reaktion auf	**Ich stimme zu**			**Ich habe Zweifel**			**Ich stimme nicht zu**		
1. Verhaltenstendenz	1	2	3	4	5	6	7	8	9
2. Mögliche Schwächen	1	2	3	4	5	6	7	8	9
3. Bewältigung von Aufgaben	1	2	3	4	5	6	7	8	9
4. Grundtendenzen	1	2	3	4	5	6	7	8	9
5. Motivation	1	2	3	4	5	6	7	8	9
6. Persönliche Werte	1	2	3	4	5	6	7	8	9
7. Überzeugt andere	1	2	3	4	5	6	7	8	9
8. Umgang mit Konflikten	1	2	3	4	5	6	7	8	9
9. Reaktion unter Druck	1	2	3	4	5	6	7	8	9
10. Als Teamleiter	1	2	3	4	5	6	7	8	9
11. Als Teammitglied	1	2	3	4	5	6	7	8	9
12. Bevorzugte Aufgaben/ Funktionen	1	2	3	4	5	6	7	8	9
13. Strategien für mehr Effektivität	1	2	3	4	5	6	7	8	9

Schreiben Sie hier die drei wichtigsten Erkenntnisse auf, die Sie aus Ihrem Profil gewonnen haben.

Wie kann die Erkenntnis aus der Spalte „Grundtendenzen“ Sie in der Erledigung Ihrer täglichen Aufgaben unterstützen?

Wie beeinflussen die Erkenntnisse über Ihre möglichen Schwächen Ihren Arbeitsalltag?

Bitte sehen Sie sich den Teil „Strategien für mehr Effektivität" Ihres Verhaltensstils genauer an.
Schreiben Sie sich drei Dinge auf, die Sie umsetzen werden, um noch effektiver zu werden.

1.

2.

3.

Verhaltenstendenz 3/S

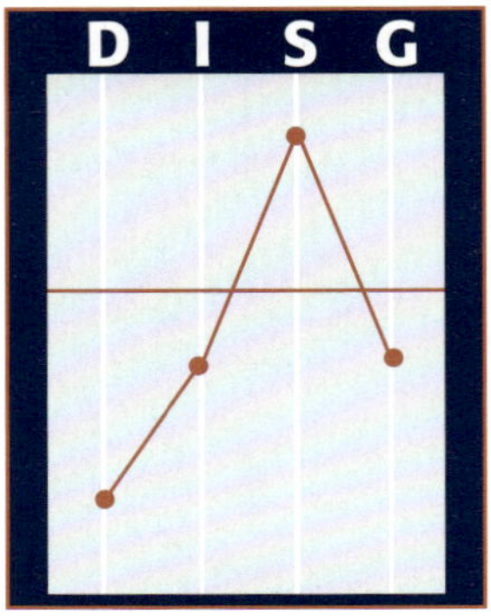

1. Verhaltenstendenz

- Gibt ein stetiges Tempo vor und hält sich daran;
- ist geduldig;
- erfüllt Pflichten;
- erwartet und zeigt Loyalität;
- schenkt wichtigen Details Aufmerksamkeit;
- äußert und verteidigt persönliche Überzeugungen und Werte;
- kann sich für die Natur und ein schönes Umfeld begeistern;
- kann am ehesten als *Stabilisator* bezeichnet werden.

2. Mögliche Schwächen

- Spielt persönliche Fähigkeiten herunter und unterschätzt sie;
- verbirgt persönliche Hoffnungen und Ambitionen;
- wartet ab, was geschieht, anstatt aktiv etwas zu verändern.

3. Bewältigung von Aufgaben

- Erwirbt Kenntnisse in einem Fachbereich;
- setzt bei der Problemlösung den gesunden Menschenverstand ein;
- tastet sich Schritt für Schritt an neue Methoden heran;
- hat Schwierigkeiten, übermäßige Verantwortung zu verweigern.

4. Grundtendenzen

- Durch Spezialisierung erfolgreich sein.

5. Motivation

- Möglichkeit, persönliches Bedürfnis nach Kooperation, Zufriedenheit und Zurückhaltung zu befriedigen;
- arbeitet gut, wenn er/sie genügend Zeit hat, um geordnet vorzugehen.

6. Persönliche Werte

- Freundschaft,
- Sicherheit,
- Pflichterfüllung,
- Anerkennung.

7. Überzeugt andere

- Bindet engagierte Menschen auf bescheidene, ruhige und ehrliche Art ein;
- bittet andere bereitwillig um Unterstützung, um die Vorteile einer Idee/eines Produktes anzupreisen;
- kann andere von materiellen Dingen relativ gut und von immateriellen Dingen schlecht überzeugen.

8. Umgang mit Konflikten

- Kompromisse schließen;
- eine für beide Seiten profitable Lösung finden;
- die Mitte zwischen zwei extremen Positionen finden.

9. Reaktion unter Druck

- Übernimmt bereitwillig Verantwortung;
- sucht den besten Weg für langfristige Sicherheit.

10. Als Teamleiter

- Entgegenkommende Führungskraft;
- ermöglicht dem Team, Streitigkeiten zwischen energischen Bewerbern um eine Führungsposition zu lösen;
- kann unkooperative Menschen gut umpolen.

11. Als Teammitglied

- Identifiziert sich mit Menschen, die einen strengen Führungsstil wünschen;
- arbeitet effektiv als Spezialist;
- kann gut Prioritäten setzen.

12. Bevorzugte Aufgaben/Funktionen

- Konsequent sein, z. B. Unterlagen rechtzeitig versenden;
- Anweisungen entgegennehmen, Anweisungen ohne zu zögern folgen und akzeptieren;
- Maschinen oder Anlagen bedienen.

13. Strategien für mehr Effektivität

- Auch unter Druck die Kontrolle bewahren;
- verantwortungslose Menschen sofort tadeln;
- Richtlinien für die Durchführung von Aufgaben aufstellen;
- vorausschauend handeln;
- die Initiative ergreifen, anstatt auf andere Menschen oder Ereignisse zu reagieren;
- mit Menschen zusammenarbeiten, die mehr Vielfalt in die Arbeit bringen können (Verhaltenstendenzen 12, 24, 124).

Wie stark stimmen Sie den einzelnen Punkten zu? Kreisen Sie in der nachfolgenden Tabelle eine Zahl zwischen 1 und 9 ein.

Meine Reaktion auf	Ich stimme zu			Ich habe Zweifel			Ich stimme nicht zu		
1. Verhaltenstendenz	1	2	3	4	5	6	7	8	9
2. Mögliche Schwächen	1	2	3	4	5	6	7	8	9
3. Bewältigung von Aufgaben	1	2	3	4	5	6	7	8	9
4. Grundtendenzen	1	2	3	4	5	6	7	8	9
5. Motivation	1	2	3	4	5	6	7	8	9
6. Persönliche Werte	1	2	3	4	5	6	7	8	9
7. Überzeugt andere	1	2	3	4	5	6	7	8	9
8. Umgang mit Konflikten	1	2	3	4	5	6	7	8	9
9. Reaktion unter Druck	1	2	3	4	5	6	7	8	9
10. Als Teamleiter	1	2	3	4	5	6	7	8	9
11. Als Teammitglied	1	2	3	4	5	6	7	8	9
12. Bevorzugte Aufgaben/ Funktionen	1	2	3	4	5	6	7	8	9
13. Strategien für mehr Effektivität	1	2	3	4	5	6	7	8	9

Schreiben Sie hier die drei wichtigsten Erkenntnisse auf, die Sie aus Ihrem Profil gewonnen haben.

Wie kann die Erkenntnis aus der Spalte „Grundtendenzen“ Sie in der Erledigung Ihrer täglichen Aufgaben unterstützen?

Wie beeinflussen die Erkenntnisse über Ihre möglichen Schwächen Ihren Arbeitsalltag?

Bitte sehen Sie sich den Teil „Strategien für mehr Effektivität" Ihres Verhaltensstils genauer an.
Schreiben Sie sich drei Dinge auf, die Sie umsetzen werden, um noch effektiver zu werden.

1.

2.

3.

Verhaltenstendenz 4/G

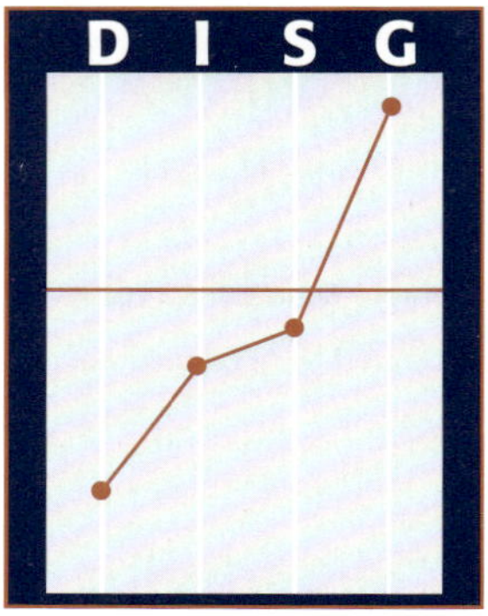

1. Verhaltenstendenz

- Konkurriert eher mit Dingen als mit Menschen;
- will es anderen recht machen;
- versucht, andere für die Zusammenarbeit zu gewinnen, anstatt zu fordern, und macht wenn nötig Kompromisse;
- fügt sich respektierter Autorität;
- glaubt, dass harte Arbeit und Fairness sich auszahlen;
- sucht Verantwortungsbereiche, in denen er/sie konzentriert alleine arbeiten kann;
- kann am ehesten als *Perfektionist* bezeichnet werden.

2. Mögliche Schwächen

- Ist überempfindlich gegenüber Kritik;
- wacht über Regeln, wie eine Henne über Küken;
- ist überfürsorglich;
- verfügt über mangelnde Spontaneität, um Pläne rasch zu ändern.

3. Bewältigung von Aufgaben

- Erreicht Ziele auf ernsthafte, ruhige, aber entschlossene Art;
- entwickelt Standards;
- entwickelt sich zumindest in einem Bereich einer Aufgabe zum Fachmann;
- bevorzugt Aufgaben, die analytische und kritische Fähigkeiten bei der Problemlösung erfordern.

4. Grundtendenzen

- Ordnung in das Chaos bringen.

5. Motivation

- Möglichkeit, das persönliche Bedürfnis nach Fachkenntnis, Gewissenhaftigkeit und Selbstdisziplin zu befriedigen;
- arbeitet gut, wenn er/sie Pläne entlang strukturierter Linien ausarbeiten kann.

6. Persönliche Werte

- Ethischer/moralischer Kodex,
- Wissen,
- präzise Arbeit,
- Anerkennung.

7. Überzeugt andere

- Baut auf einer Argumentationskette auf;
- schafft Vertrauen durch Übermittlung einer überlegten, genauen und zurückhaltenden Vorstellung;
- spielt Gefühle herunter;
- kann andere von materiellen Dingen sehr gut und von immateriellen Dingen relativ gut überzeugen.

8. Umgang mit Konflikten

- Vermeidung;
- sich aus Problemen heraushalten, die Konflikte verursachen;
- glaubt, dass es möglicherweise sinnlos ist zu versuchen, Konflikte zu lösen.

9. Reaktion unter Druck

- Wird gewissenhafter und vorsichtiger;
- u. U. fügt er/sie sich vernünftigen Wünschen.

10. Als Teamleiter

- Ist eine technische Führungskraft, die dem Team hilft, mit fachlichen Problembereichen umzugehen;
- Würde und Rituale sind ihm/ihr wichtig;
- ist förmlich.

11. Als Teammitglied

- Wägt die Konsequenzen sorgfältig ab, bevor er/sie entscheidet;
- leistet Beiträge als kritischer Denker und Informationssammler;
- analysiert umfassend;
- konzentriert sich mehr auf Aufgaben als auf die Beziehungen im Team.

12. Bevorzugte Aufgaben/Funktionen

- Buch führen, mit Zahlen umgehen, z. B. Kassenbuch oder Statistiken führen;
- zusammenbauen, z. B. Bausatz;
- Objektkategorien ordnen, klassifizieren, z. B. Bücher.

13. Strategien für mehr Effektivität

- Neue Verbindungen zu anderen aufbauen;
- Konflikte ertragen lernen;
- Entscheidungsfindung beschleunigen;
- erkennen, dass nicht alle Probleme kompliziert sind;
- üben, in weniger wichtigen Bereichen schnelle Entscheidungen zu treffen;
- mit Menschen zusammenarbeiten, die besser persönliche Kontakte knüpfen können (Verhaltenstendenzen 2, 24, 123).

Wie stark stimmen Sie den einzelnen Punkten zu? Kreisen Sie in der nachfolgenden Tabelle eine Zahl zwischen 1 und 9 ein.

Meine Reaktion auf	Ich stimme zu			Ich habe Zweifel			Ich stimme nicht zu		
1. Verhaltenstendenz	1	2	3	4	5	6	7	8	9
2. Mögliche Schwächen	1	2	3	4	5	6	7	8	9
3. Bewältigung von Aufgaben	1	2	3	4	5	6	7	8	9
4. Grundtendenzen	1	2	3	4	5	6	7	8	9
5. Motivation	1	2	3	4	5	6	7	8	9
6. Persönliche Werte	1	2	3	4	5	6	7	8	9
7. Überzeugt andere	1	2	3	4	5	6	7	8	9
8. Umgang mit Konflikten	1	2	3	4	5	6	7	8	9
9. Reaktion unter Druck	1	2	3	4	5	6	7	8	9
10. Als Teamleiter	1	2	3	4	5	6	7	8	9
11. Als Teammitglied	1	2	3	4	5	6	7	8	9
12. Bevorzugte Aufgaben/ Funktionen	1	2	3	4	5	6	7	8	9
13. Strategien für mehr Effektivität	1	2	3	4	5	6	7	8	9

Schreiben Sie hier die drei wichtigsten Erkenntnisse auf, die Sie aus Ihrem Profil gewonnen haben.

Wie kann die Erkenntnis aus der Spalte „Grundtendenzen“ Sie in der Erledigung Ihrer täglichen Aufgaben unterstützen?

Wie beeinflussen die Erkenntnisse über Ihre möglichen Schwächen Ihren Arbeitsalltag?

Bitte sehen Sie sich den Teil „Strategien für mehr Effektivität" Ihres Verhaltensstils genauer an.
Schreiben Sie sich drei Dinge auf, die Sie umsetzen werden, um noch effektiver zu werden.

1.

2.

3.

Verhaltenstendenz 12/DI

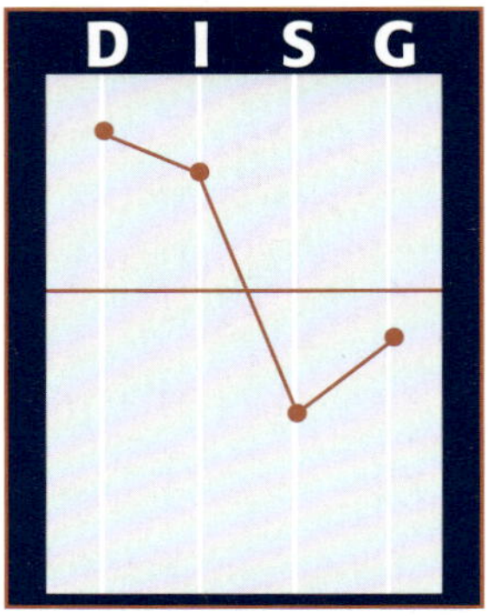

1. Verhaltenstendenz

- Will sich lieber von der Gruppe absetzen, als einer von vielen zu sein;
- ist erfolgreich als treibende Kraft für Veränderungen und durch großen Einfluss;
- spornt andere an;
- arbeitet frei und unabhängig;
- gibt ein schnelles Tempo vor;
- kann ohne Anweisungen arbeiten;
- kann am ehesten als *Vorreiter* bezeichnet werden.

2. Mögliche Schwächen

- Überträgt unliebsame Aufgaben anderen;
- hat keine Geduld gegenüber langsameren, bedächtigeren Kollegen;
- kann oft nicht delegieren;
- zwingt anderen die eigene Sichtweise auf.

3. Bewältigung von Aufgaben

- Konzentriert sich auf das, was für ihn/sie und andere nutzbringend und vorteilhaft ist;
- liebt Konkurrenzsituationen und besondere Aufgaben;
- plant voraus, integriert Maßnahmen;
- überlässt Details anderen;
- arbeitet konsequent, wenn Termine es erforderlich machen.

4. Grundtendenzen

- Kreative Ideen einem nützlichen Zweck zuführen.

5. Motivation

- Möglichkeit, das persönliche Bedürfnis nach Bestimmtheit, Individualität und Aufgabenerfüllung auszuüben;
- arbeitet gut, wenn er/sie Prestige und Autorität gewinnen kann.

6. Persönliche Werte

- Herausforderungen,
- Wettbewerb,
- Macht/Führung,
- Prestige.

7. Überzeugt andere

- Weckt ihre Neugierde;
- verspricht interessante Aufgaben;
- hinterfragt andere;
- findet heraus, welche Bedürfnisse sie haben;
- kann andere von materiellen und immateriellen Dingen sehr gut überzeugen.

8. Umgang mit Konflikten

- Hofft durch Zusammenarbeit das Problem entschärfen zu können;
- hilft anderen, eine Situation, die durch negatives und schwieriges Verhalten entstanden ist, zu klären.

9. Reaktion unter Druck

- Lässt andere, wenn es möglich ist, helfen;
- geht Risiken ein, die andere verwirren können.

10. Als Teamleiter

- Führt wie ein Dirigent und kommt somit den Bedürfnissen des Teams nach Geschlossenheit nach;
- vergibt Aufgaben ohne zu zögern;
- schwört die Teammitglieder auf eine Aufgabe ein.

11. Als Teammitglied

- Sucht eine Rolle als Stellvertreter, der eine Führungskraft unterstützt;
- versucht, Entscheidungen zu beeinflussen;
- schwankt in seiner/ihrer Orientierung zwischen Aufgaben und Menschen.

12. Bevorzugte Aufgaben/Funktionen

- Motivieren, z. B. andere zum Handeln veranlassen;
- fantasievoll sein, z. B. anderen helfen, Dinge aus einer alternativen Sicht zu sehen;
- schnell Entscheidungen treffen, z. B. einen Prozess sofort ändern.

13. Strategien für mehr Effektivität

- Terminen mehr Aufmerksamkeit schenken;
- vermeiden, unter Druck andere anzugreifen;
- lernen, denjenigen gegenüber nachzugeben, die fachlich Recht haben;
- andere nicht manipulieren;
- mit Menschen zusammenarbeiten, die besser recherchieren und ein berechenbares Umfeld schaffen können (Verhaltenstendenz 14, 34, 134).

Wie stark stimmen Sie den einzelnen Punkten zu? Kreisen Sie in der nachfolgenden Tabelle eine Zahl zwischen 1 und 9 ein.

Meine Reaktion auf	Ich stimme zu			Ich habe Zweifel			Ich stimme nicht zu		
1. Verhaltenstendenz	1	2	3	4	5	6	7	8	9
2. Mögliche Schwächen	1	2	3	4	5	6	7	8	9
3. Bewältigung von Aufgaben	1	2	3	4	5	6	7	8	9
4. Grundtendenzen	1	2	3	4	5	6	7	8	9
5. Motivation	1	2	3	4	5	6	7	8	9
6. Persönliche Werte	1	2	3	4	5	6	7	8	9
7. Überzeugt andere	1	2	3	4	5	6	7	8	9
8. Umgang mit Konflikten	1	2	3	4	5	6	7	8	9
9. Reaktion unter Druck	1	2	3	4	5	6	7	8	9
10. Als Teamleiter	1	2	3	4	5	6	7	8	9
11. Als Teammitglied	1	2	3	4	5	6	7	8	9
12. Bevorzugte Aufgaben/ Funktionen	1	2	3	4	5	6	7	8	9
13. Strategien für mehr Effektivität	1	2	3	4	5	6	7	8	9

Schreiben Sie hier die drei wichtigsten Erkenntnisse auf, die Sie aus Ihrem Profil gewonnen haben.

Wie kann die Erkenntnis aus der Spalte „Grundtendenzen“ Sie in der Erledigung Ihrer täglichen Aufgaben unterstützen?

Wie beeinflussen die Erkenntnisse über Ihre möglichen Schwächen Ihren Arbeitsalltag?

Bitte sehen Sie sich den Teil „Strategien für mehr Effektivität" Ihres Verhaltensstils genauer an.
Schreiben Sie sich drei Dinge auf, die Sie umsetzen werden, um noch effektiver zu werden.

1.

2.

3.

Verhaltenstendenz 13/DS

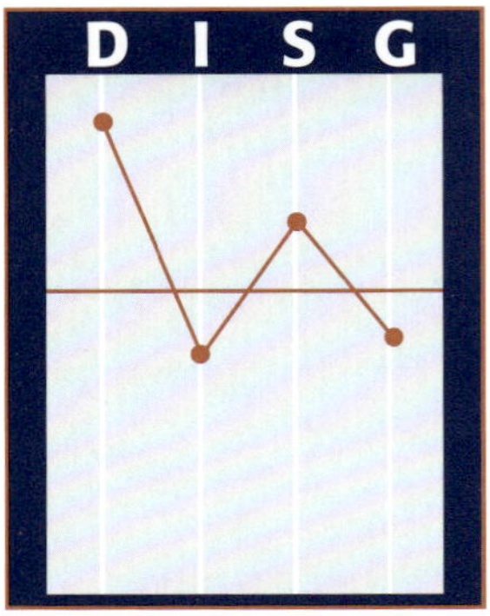

1. Verhaltenstendenz

- Wandelt Frustration in ein Mittel zur Bereinigung von Problemen um;
- entwickelt eine besondere Kombination von Bestimmtheit und sorgfältiger, konsequenter Arbeit;
- bringt die eigene Meinung überzeugend vor; erzwingt eine Vorgehensweise;
- wehrt sich gegenüber Widersachern und legt seichte Argumente offen;
- kann am ehesten als *Schrittmacher* bezeichnet werden.

2. Mögliche Schwächen

- Vernachlässigt kleine Rituale, die andere beruhigen;
- ist bei Zeitdruck oft unverblümt und taktlos;
- findet es schwierig, Aufgaben zu delegieren.

3. Bewältigung von Aufgaben

- Entwickelt einen systematischen Plan und trifft Vorkehrungen für Unvorhergesehenes;
- hat Erfolg durch eine rasche Vorgehensweise ohne strenge Überwachung;
- ist entschlossen und aggressiv;
- trägt zur Qualitätsverbesserung bei.

4. Grundtendenzen

- Kalkulieren,
- Unterschiede erkennen,
- sinnvolle Aktivitäten auswählen.

5. Motivation

- Möglichkeit, das persönliche Bedürfnis nach Unabhängigkeit, Mut und praktischer Durchführbarkeit zu befriedigen;
- arbeitet gut, wenn er/sie Aufgaben von der Konzeption bis zur Fertigstellung verfolgen kann.

6. Persönliche Werte

- Abenteuer,
- Erfüllung,
- Wissen,
- physische Herausforderungen.

7. Überzeugt andere

- Argumentiert energisch für eine Vorgehensweise;
- reagiert rasch auf Einwände;
- kann problemlos mit Fragen umgehen und verwendet dazu Fakten und Dokumentation;
- ist ernsthaft und direkt;
- kann andere von materiellen und immateriellen Dingen relativ gut überzeugen.

8. Umgang mit Konflikten

- Konfrontation;
- macht Provokateuren Schwierigkeiten;
- weigert sich, persönliche Ziele aufzugeben;
- macht andere nervös;
- schürt bei anderen Unbehagen.

9. Reaktion unter Druck

- Sturheit;
- wählt häufig den falschen Zeitpunkt für eine Auseinandersetzung.

10. Als Teamleiter

- Aufgabenorientierter Teamleiter, der klar macht, dass das Team hart arbeiten muss;
- ist bei Uneinigkeit autokratisch.

11. Als Teammitglied

- Nutzt eher persönliche Erfahrungen als Schulbuchwissen;
- nimmt Aufgaben an, die andere schwierig finden;
- arbeitet am besten, wenn er/sie nicht durch einen kritischen Teamleiter/Vorgesetzten gestört wird.

12. Bevorzugte Aufgaben/Funktionen

- Anleiten, z. B. andere bei einer Reihe von logischen Schritten begleiten;
- überprüfen, bewerten, z. B. feststellen, ob die Leistungen anderer den Erwartungen entsprechen;
- die Arbeit vorantreiben, z. B. andere zum Handeln drängen.

13. Strategien für mehr Effektivität

- Anderen gegenüber eindeutig handeln;
- ein Zeitlimit für Konfliktlösung und Einigung setzen;
- für andere Meinungen offen sein;
- neue Ideen durch Anerkennung der Beiträge anderer fördern;
- bereit sein, das Tempo zu ändern oder versuchen, anderen entgegenzukommen;
- mit Menschen zusammenarbeiten, die flexibler und taktvoller sind (Verhaltenstendenzen 21, 23, 32).

Wie stark stimmen Sie den einzelnen Punkten zu? Kreisen Sie in der nachfolgenden Tabelle eine Zahl zwischen 1 und 9 ein.

Meine Reaktion auf	Ich stimme zu			Ich habe Zweifel			Ich stimme nicht zu		
1. Verhaltenstendenz	1	2	3	4	5	6	7	8	9
2. Mögliche Schwächen	1	2	3	4	5	6	7	8	9
3. Bewältigung von Aufgaben	1	2	3	4	5	6	7	8	9
4. Grundtendenzen	1	2	3	4	5	6	7	8	9
5. Motivation	1	2	3	4	5	6	7	8	9
6. Persönliche Werte	1	2	3	4	5	6	7	8	9
7. Überzeugt andere	1	2	3	4	5	6	7	8	9
8. Umgang mit Konflikten	1	2	3	4	5	6	7	8	9
9. Reaktion unter Druck	1	2	3	4	5	6	7	8	9
10. Als Teamleiter	1	2	3	4	5	6	7	8	9
11. Als Teammitglied	1	2	3	4	5	6	7	8	9
12. Bevorzugte Aufgaben/ Funktionen	1	2	3	4	5	6	7	8	9
13. Strategien für mehr Effektivität	1	2	3	4	5	6	7	8	9

Schreiben Sie hier die drei wichtigsten Erkenntnisse auf, die Sie aus Ihrem Profil gewonnen haben.

Wie kann die Erkenntnis aus der Spalte „Grundtendenzen" Sie in der Erledigung Ihrer täglichen Aufgaben unterstützen?

Wie beeinflussen die Erkenntnisse über Ihre möglichen Schwächen Ihren Arbeitsalltag?

Bitte sehen Sie sich den Teil „Strategien für mehr Effektivität“ Ihres Verhaltensstils genauer an.
Schreiben Sie sich drei Dinge auf, die Sie umsetzen werden, um noch effektiver zu werden.

1.

2.

3.

Verhaltenstendenz 14/DG

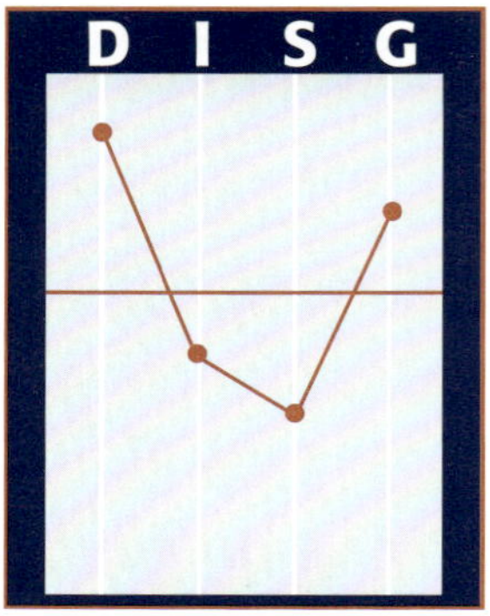

1. Verhaltenstendenz

- Handelt praktisch;
- stellt Fragen, anstatt Analysen zu erzwingen;
- findet Lösungen, die durch Logik und Erfahrung geprägt sind;
- bereitet sich umfassend vor;
- initiiert und entwickelt;
- hält zu allen (außer zu engen Mitarbeitern) Distanz;
- ist glücklich, wenn er/sie Projekte alleine durchziehen kann;
- vermeidet Einschränkungen durch andere;
- kann am ehesten als *Erfinder* bezeichnet werden.

2. Mögliche Schwächen

- Konzentriert sich auf eine einzige Aufgabe, worunter andere Bereiche oft leiden;
- macht sich häufig Sorgen, manchmal unbegründet;
- ist übervorsichtig;
- braucht Hilfe, um Projekte abzuschließen.

3. Bewältigung von Aufgaben

- Löst eher Aufgaben als zwischenmenschliche Probleme;
- beschäftigt sich mit der Komplexität eines Vorgangs;
- arbeitet lange;
- legt ein Tempo vor, das anderen vielleicht zu anstrengend ist.

4. Grundtendenzen

- Neue Ideen haben und umsetzen.

5. Motivation

- Möglichkeit, das persönliche Bedürfnis nach Leistung, Individualität und Alleinsein zu befriedigen;
- arbeitet gut, wenn er/sie genügend Zeit hat, um Richtigkeit sicherzustellen.

6. Persönliche Werte

- Intellektuelle und physische Herausforderung,
- Kreativität,
- Anerkennung.

7. Überzeugt andere

- Nutzt Fakten;
- ist zuversichtlich, wenn die Idee/das Produkt den eigenen hohen Standards entspricht;
- erreicht Akzeptanz durch gut organisierte, direkte Vorgehensweise;
- kann andere von materiellen Dingen überdurchschnittlich gut und von immateriellen Dingen relativ gut überzeugen.

8. Umgang mit Konflikten

- Zusammenarbeit;
- drängt andere zunächst in die Defensive;
- verbirgt Unsicherheit;
- fördert letztendlich alle Sorgen und Probleme zutage.

9. Reaktion unter Druck

- Ist auf alle Eventualitäten gut vorbereitet;
- verpflichtet sich selbst, härter zu arbeiten.

10. Als Teamleiter

- Innovative Führungskraft;
- hilft dem Team, neue Theorien zu entwickeln;
- ist förmlich;
- setzt ein Beispiel;
- übernimmt zu viel Verantwortung.

11. Als Teammitglied

- Stellt Verfahren und Methoden infrage;
- löst Probleme;
- verlangt Erlaubnis, Ergebnisse erneut zu überprüfen und zu testen;
- übernimmt Forschungsaufgaben/Recherche.

12. Bevorzugte Aufgaben/Funktionen

- Kreativ sein, z. B. eine verbesserte Mausefalle entwickeln;
- Systematisieren, Ordnung schaffen, z. B. Werkzeuge in der Reihenfolge bereitlegen, in der sie benutzt werden;
- Diagnostizieren, z. B. Probleme bis zu ihrem Ursprung verfolgen.

13. Strategien für mehr Effektivität

- Sich Entspannung gönnen;
- sowohl objektiv als auch fürsorglich sein;
- bei Kritik an der Leistung anderer auf ihre Gefühle achten;
- anderen für ihre Bemühungen Anerkennung schenken;
- mit Menschen zusammenarbeiten, die bessere soziale Fähigkeiten haben und besser mit Spannungen umgehen können (Verhaltenstendenzen 12, 21, 23).

Wie stark stimmen Sie den einzelnen Punkten zu? Kreisen Sie in der nachfolgenden Tabelle eine Zahl zwischen 1 und 9 ein.

Meine Reaktion auf	Ich stimme zu			Ich habe Zweifel			Ich stimme nicht zu		
1. Verhaltenstendenz	1	2	3	4	5	6	7	8	9
2. Mögliche Schwächen	1	2	3	4	5	6	7	8	9
3. Bewältigung von Aufgaben	1	2	3	4	5	6	7	8	9
4. Grundtendenzen	1	2	3	4	5	6	7	8	9
5. Motivation	1	2	3	4	5	6	7	8	9
6. Persönliche Werte	1	2	3	4	5	6	7	8	9
7. Überzeugt andere	1	2	3	4	5	6	7	8	9
8. Umgang mit Konflikten	1	2	3	4	5	6	7	8	9
9. Reaktion unter Druck	1	2	3	4	5	6	7	8	9
10. Als Teamleiter	1	2	3	4	5	6	7	8	9
11. Als Teammitglied	1	2	3	4	5	6	7	8	9
12. Bevorzugte Aufgaben/ Funktionen	1	2	3	4	5	6	7	8	9
13. Strategien für mehr Effektivität	1	2	3	4	5	6	7	8	9

Schreiben Sie hier die drei wichtigsten Erkenntnisse auf, die Sie aus Ihrem Profil gewonnen haben.

Wie kann die Erkenntnis aus der Spalte „Grundtendenzen" Sie in der Erledigung Ihrer täglichen Aufgaben unterstützen?

Wie beeinflussen die Erkenntnisse über Ihre möglichen Schwächen Ihren Arbeitsalltag?

Bitte sehen Sie sich den Teil „Strategien für mehr Effektivität" Ihres Verhaltensstils genauer an.
Schreiben Sie sich drei Dinge auf, die Sie umsetzen werden, um noch effektiver zu werden.

1.

2.

3.

Verhaltenstendenz 21/ID

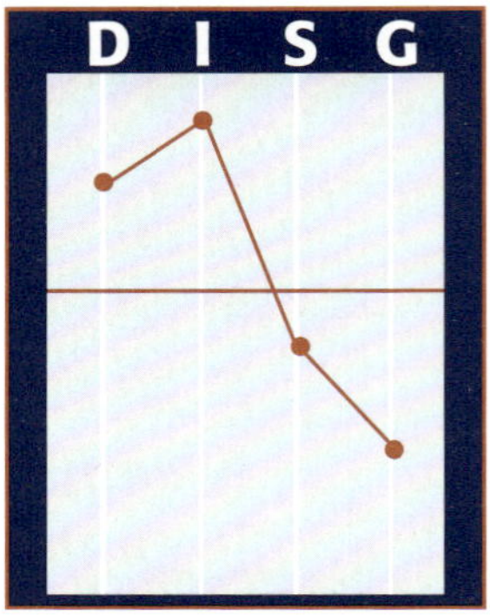

1. Verhaltenstendenz

- Nutzt die Motivation anderer;
- zieht die Aufmerksamkeit anderer durch eine positive Einstellung und eine überlegte Sprache auf sich;
- erhält Unterstützung von anderen;
- versucht frühere Erfolge zu wiederholen;
- wird ärgerlich, wenn Routine ihn/sie festnagelt;
- möchte gut aussehen und sich gut fühlen;
- mag keine undurchsichtigen Situationen;
- kann am ehesten als *Überzeuger* bezeichnet werden.

2. Mögliche Schwächen

- Mag keine Routine;
- vermeidet eintönige Kleinarbeit;
- beendet schlecht gewählte Projekte nicht;
- preist Dinge übermäßig an und ist zu enthusiastisch.

3. Bewältigung von Aufgaben

- Freut sich über Gelegenheiten, die eigenen Talente zu zeigen;
- fasst Pläne in Worte;
- weckt Hoffnungen durch emotionale Sprache;
- untermauert Begeisterung durch praktische Veranlagung;
- überlässt Kleinarbeit anderen;
- treibt erfolgreiche Projekte voran.

4. Grundtendenzen

- Erfolgreiche Resultate erwarten.

5. Motivation

- Möglichkeit, das persönliche Bedürfnis nach Selbstbehauptung, Zugehörigkeit und besonderen Leistungen zu befriedigen;
- arbeitet gut, wenn er/sie Kontakt mit verschiedenartigen Menschen aufnehmen kann.

6. Persönliche Werte

- Herausforderungen,
- Wettbewerb,
- Kontakt zu anderen,
- Anerkennung.

7. Überzeugt andere

- Gibt neuen Schwung;
- hebt Chancen hervor;
- passt sich der Persönlichkeit des Zuhörers an;
- ist freundlich und umgänglich;
- arbeitet in physischer Nähe zu anderen;
- entfernt Barrieren;
- kann andere sowohl von materiellen als auch von immateriellen Dingen sehr gut überzeugen.

8. Umgang mit Konflikten

- Zusammenarbeit;
- entgegnet Kritik von Gegnern mit Witz und Humor;
- ist bereit, die Wünsche aller zu befriedigen.

9. Reaktion unter Druck

- Geduld;
- fasst Probleme in Worte;
- plant, um Bewegung in die Sache zu bringen.

10. Als Teamleiter

- Demokratische Führungskraft, die das Bedürfnis des Teams nach interessanten Aktivitäten erfüllt;
- behandelt andere fair;
- baut Brücken zwischen gegnerischen Lagern.

11. Als Teammitglied

- Widmet sich gerne schwierigen Aufgaben;
- leitet Maßnahmen in die Wege;
- äußert sich nachdrücklich zu Themen, die andere vermeiden oder verleugnen;
- spricht für Teammitglieder, die sich weniger gut behaupten können.

12. Bevorzugte Aufgaben/Funktionen

- Erkenntnisse nutzen, z. B. andere überzeugen;
- Beziehungen entwickeln, z. B. eine Kommunikationsbasis mit einem Kunden aufbauen;
- Führen, andere anleiten, z. B. dem Team helfen zu erkennen, was möglich ist.

13. Strategien für mehr Effektivität

- Ein langsameres Tempo einlegen;
- Erschöpfungszustände vermeiden;
- aufrichtig loben;
- anderen Zeit geben, Zweifel, Sorgen und Einwände vorzubringen;
- Dinge nicht übermäßig anpreisen;
- erkennen, wann man aufhören muss, andere zu überreden;
- mit anderen zusammenarbeiten, die besser organisieren und systematisch planen können (Verhaltenstendenz 13, 14, 34).

Wie stark stimmen Sie den einzelnen Punkten zu? Kreisen Sie in der nachfolgenden Tabelle eine Zahl zwischen 1 und 9 ein.

Meine Reaktion auf	Ich stimme zu			Ich habe Zweifel			Ich stimme nicht zu		
1. Verhaltenstendenz	1	2	3	4	5	6	7	8	9
2. Mögliche Schwächen	1	2	3	4	5	6	7	8	9
3. Bewältigung von Aufgaben	1	2	3	4	5	6	7	8	9
4. Grundtendenzen	1	2	3	4	5	6	7	8	9
5. Motivation	1	2	3	4	5	6	7	8	9
6. Persönliche Werte	1	2	3	4	5	6	7	8	9
7. Überzeugt andere	1	2	3	4	5	6	7	8	9
8. Umgang mit Konflikten	1	2	3	4	5	6	7	8	9
9. Reaktion unter Druck	1	2	3	4	5	6	7	8	9
10. Als Teamleiter	1	2	3	4	5	6	7	8	9
11. Als Teammitglied	1	2	3	4	5	6	7	8	9
12. Bevorzugte Aufgaben/ Funktionen	1	2	3	4	5	6	7	8	9
13. Strategien für mehr Effektivität	1	2	3	4	5	6	7	8	9

Schreiben Sie hier die drei wichtigsten Erkenntnisse auf, die Sie aus Ihrem Profil gewonnen haben.

Wie kann die Erkenntnis aus der Spalte „Grundtendenzen“ Sie in der Erledigung Ihrer täglichen Aufgaben unterstützen?

Wie beeinflussen die Erkenntnisse über Ihre möglichen Schwächen Ihren Arbeitsalltag?

Bitte sehen Sie sich den Teil „Strategien für mehr Effektivität" Ihres Verhaltensstils genauer an.
Schreiben Sie sich drei Dinge auf, die Sie umsetzen werden, um noch effektiver zu werden.

1.

2.

3.

Verhaltenstendenz 23/IS

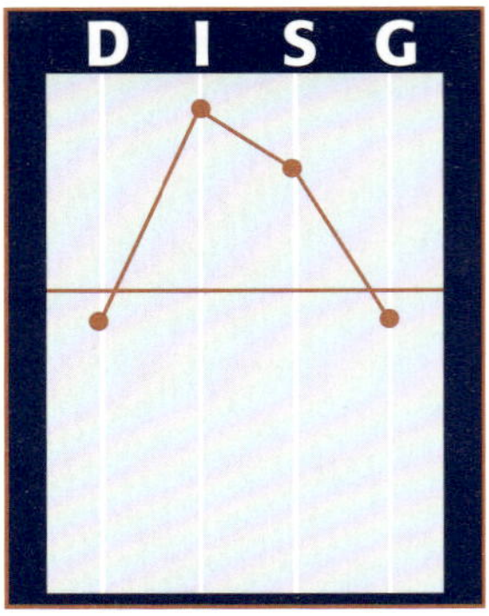

1. Verhaltenstendenz

- Nimmt Kontakt mit Menschen auf, um ein angenehmes und freundliches Umfeld zu schaffen;
- baut Brücken zwischen einzelnen Mitarbeitern und Arbeitsteams;
- andere verspüren Zuneigung für ihn/sie;
- ist oft zu verständig und zieht andere nicht für ihre Handlungen zur Rechenschaft;
- teilt mit anderen und bindet sie in die Entscheidungsfindung ein;
- kann am ehesten als *Harmonisierer* bezeichnet werden.

2. Mögliche Schwächen

- Versucht problematischen Themen auszuweichen;
- gibt bei Verhandlungen zu viel auf;
- findet es schwierig, Freunden oder Mitarbeitern zu widersprechen;
- empfindet Kritik an seiner/ihrer Arbeit als persönlichen Angriff.

3. Bewältigung von Aufgaben

- Pflegt Freundschaften und verbreitet Harmonie;
- stellt fest, welches Ziel und welche Anforderungen eine Aufgabe hat;
- erfüllt die Aufgabe, aber arbeitet nach längeren Phasen der Zusammenarbeit zwischendurch auch gerne wieder alleine.

4. Grundtendenzen

- Andere unterstützen und sie in die Lage versetzen, sich selbst zu helfen.

5. Motivation

- Möglichkeit, das persönliche Bedürfnis nach Akzeptanz, Loyalität und Vertrauen zu befriedigen;
- arbeitet gut, wenn die Zusammenarbeit mit anderen freundlich und informell ist.

6. Persönliche Werte

- Freundschaft,
- Unabhängigkeit,
- Sicherheit,
- Pflichterfüllung.

7. Überzeugt andere

- Sucht gemeinsame Interessensgebiete und Freunde/Kollegen;
- sucht Augenkontakt, hat einen angenehmen Gesichtsausdruck und eine lockere Einstellung;
- baut persönliche Beziehungen auf;
- kann andere von materiellen Dingen relativ gut und von immateriellen Dingen sehr gut überzeugen.

8. Umgang mit Konflikten

- Macht Kompromisse, behält aber gleichzeitig die persönlichen Ziele im Auge;
- vermeidet direkte Angriffe.

9. Reaktion unter Druck

- Zwingt sich, Details bis zum Ende zu verfolgen, und sucht dabei die Unterstützung anderer.

10. Als Teamleiter

- Menschenorientierte Führungskraft, die dem Team Rückhalt gibt, indem sie individuelle Beiträge anerkennt und belohnt;
- gibt indirekte Anweisungen.

11. Als Teammitglied

- Räumt Hindernisse aus dem Weg und vermittelt zwischen Teammitgliedern;
- sorgt vor Beginn einer Arbeit für harmonische Beziehungen.

12. Bevorzugte Aufgaben/Funktionen

- Kompromisse machen, z. B. einen Ausgleich zwischen den Bedürfnissen der anderen und der Lösung schaffen;
- anleiten, z. B. trainieren und beraten;
- vorhandene Mittel nutzen.

13. Strategien für mehr Effektivität

- Aufgaben ordentlich und pünktlich erfüllen;
- wichtige Details verfolgen;
- bei zwischenmenschlichen Konflikten bestimmt und direkt sein;
- energischer werden;
- mit anderen zusammenarbeiten, die besser auf Fakten basierende Erkenntnisse entwickeln können (Verhaltenstendenz 14, 34, 41).

Wie stark stimmen Sie den einzelnen Punkten zu? Kreisen Sie in der nachfolgenden Tabelle eine Zahl zwischen 1 und 9 ein.

Meine Reaktion auf	Ich stimme zu			Ich habe Zweifel			Ich stimme nicht zu		
1. Verhaltenstendenz	1	2	3	4	5	6	7	8	9
2. Mögliche Schwächen	1	2	3	4	5	6	7	8	9
3. Bewältigung von Aufgaben	1	2	3	4	5	6	7	8	9
4. Grundtendenzen	1	2	3	4	5	6	7	8	9
5. Motivation	1	2	3	4	5	6	7	8	9
6. Persönliche Werte	1	2	3	4	5	6	7	8	9
7. Überzeugt andere	1	2	3	4	5	6	7	8	9
8. Umgang mit Konflikten	1	2	3	4	5	6	7	8	9
9. Reaktion unter Druck	1	2	3	4	5	6	7	8	9
10. Als Teamleiter	1	2	3	4	5	6	7	8	9
11. Als Teammitglied	1	2	3	4	5	6	7	8	9
12. Bevorzugte Aufgaben/ Funktionen	1	2	3	4	5	6	7	8	9
13. Strategien für mehr Effektivität	1	2	3	4	5	6	7	8	9

Schreiben Sie hier die drei wichtigsten Erkenntnisse auf, die Sie aus Ihrem Profil gewonnen haben.

Wie kann die Erkenntnis aus der Spalte „Grundtendenzen“ Sie in der Erledigung Ihrer täglichen Aufgaben unterstützen?

Wie beeinflussen die Erkenntnisse über Ihre möglichen Schwächen Ihren Arbeitsalltag?

Bitte sehen Sie sich den Teil „Strategien für mehr Effektivität" Ihres Verhaltensstils genauer an.
Schreiben Sie sich drei Dinge auf, die Sie umsetzen werden, um noch effektiver zu werden.

1.

2.

3.

Verhaltenstendenz 24/IG

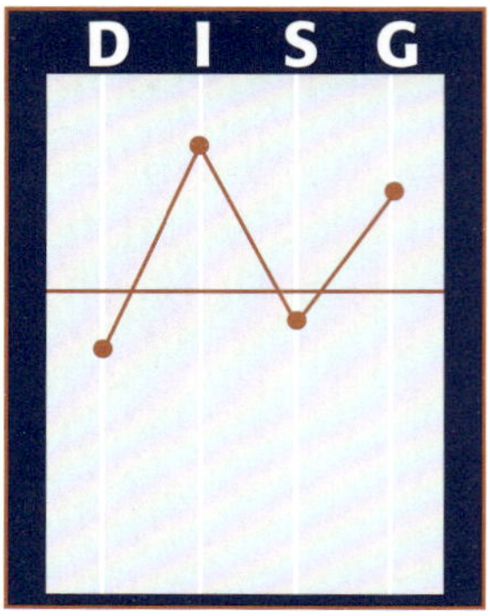

1. Verhaltenstendenz

- Erfüllt die Bedürfnisse anderer;
- rechnet mit Schwierigkeiten und bereitet sich darauf vor;
- ist einfallsreich;
- improvisiert, bringt Dinge voran;
- liefert plausible Gründe für Richtungsänderungen;
- bewertet Ereignisse und Menschen kritisch;
- ist offen für neue oder bestechende Ideen;
- kann am ehesten als *Stratege* bezeichnet werden.

2. Mögliche Schwächen

- Legt es manchmal auf Machtproben an und weigert sich nachzugeben;
- vernachlässigt Routineaufgaben;
- nutzt Verzögerungstaktiken, wenn Informationen fehlen;
- ist manchmal scharfzüngig.

3. Bewältigung von Aufgaben

- Nutzt Beobachtungsgabe, Beurteilungs- und Planungsfähigkeit;
- hält sich zurück, auch wenn er/sie loslegen will;
- hört stattdessen aufmerksam zu, was andere denken;
- teilt Lob und Tadel mit anderen.

4. Grundtendenzen

- Plant unvorhergesehene Ereignisse ein.

5. Motivation

- Möglichkeit, das persönliche Bedürfnis nach Selbstbehauptung, Individualität und ungewöhnlichen Leistungen zu befriedigen;
- arbeitet gut, wenn er/sie die eigenen Fähigkeiten und Fertigkeiten zur Geltung bringen kann.

6. Persönliche Werte

- Wettbewerb,
- Kreativität,
- Anerkennung,
- Macht/Führung.

7. Überzeugt andere

- Stellt die Nützlichkeit einer Idee/eines Produkts heraus;
- ermutigt andere durch inspirierende Worte, öfter jedoch durch Skizzierung Erfolg versprechender Maßnahmen;
- zeigt Offenheit, Vertrauen und persönliches Interesse für andere;
- kann andere sowohl von materiellen als auch von immateriellen Dingen sehr gut überzeugen.

8. Umgang mit Konflikten

- Zusammenarbeit;
- die Schachzüge von Provokateuren voraussehen;
- ruhig bleiben;
- mit vorhandenen Ressourcen zurechtkommen;
- Übereinstimmungen suchen.

9. Reaktion unter Druck

- Wird wettbewerbsorientiert;
- nutzt geistige Flexibilität und Schläue;
- setzt neue Methoden ein;
- erhöht die Effektivität.

10. Als Teamleiter

- Vielseitige Führungskraft, die das Team bei kreativen und prozesstechnischen Problemen unterstützt;
- trifft bei der Auswahl wichtiger Mitarbeiter vernünftige Entscheidungen.

11. Als Teammitglied

- Nähert sich dem Machtzentrum;
- macht sich beim Teamleiter und bei Teammitgliedern als Berater nützlich.

12. Bevorzugte Aufgaben/Funktionen

- Konstruktion und Entwicklung, z. B. Ausarbeitung von Arbeitsplänen und -verfahren;
- Diagnose, z. B. Probleme bis zu ihrem Ursprung verfolgen;
- Verkauf, Werbung, Verhandlung, Überzeugung, z. B. Beeinflussung anderer in Bezug auf ein Produkt oder eine Idee.

13. Strategien für mehr Effektivität

- Versprechen einhalten;
- Verpflichtungen erfüllen;
- beim Umgang mit anderen Sensibilität zeigen;
- Verzögerungstaktiken vermeiden;
- realistische Kontrollen akzeptieren;
- auch ungünstige Beurteilungen freundlich akzeptieren;
- mit anderen zusammenarbeiten, die sich besser mit spezifischen Details beschäftigen können (Verhaltenstendenz 3, 13, 234).

Wie stark stimmen Sie den einzelnen Punkten zu? Kreisen Sie in der nachfolgenden Tabelle eine Zahl zwischen 1 und 9 ein.

Meine Reaktion auf	Ich stimme zu			Ich habe Zweifel			Ich stimme nicht zu		
1. Verhaltenstendenz	1	2	3	4	5	6	7	8	9
2. Mögliche Schwächen	1	2	3	4	5	6	7	8	9
3. Bewältigung von Aufgaben	1	2	3	4	5	6	7	8	9
4. Grundtendenzen	1	2	3	4	5	6	7	8	9
5. Motivation	1	2	3	4	5	6	7	8	9
6. Persönliche Werte	1	2	3	4	5	6	7	8	9
7. Überzeugt andere	1	2	3	4	5	6	7	8	9
8. Umgang mit Konflikten	1	2	3	4	5	6	7	8	9
9. Reaktion unter Druck	1	2	3	4	5	6	7	8	9
10. Als Teamleiter	1	2	3	4	5	6	7	8	9
11. Als Teammitglied	1	2	3	4	5	6	7	8	9
12. Bevorzugte Aufgaben/ Funktionen	1	2	3	4	5	6	7	8	9
13. Strategien für mehr Effektivität	1	2	3	4	5	6	7	8	9

Schreiben Sie hier die drei wichtigsten Erkenntnisse auf, die Sie aus Ihrem Profil gewonnen haben.

Wie kann die Erkenntnis aus der Spalte „Grundtendenzen" Sie in der Erledigung Ihrer täglichen Aufgaben unterstützen?

Wie beeinflussen die Erkenntnisse über Ihre möglichen Schwächen Ihren Arbeitsalltag?

Bitte sehen Sie sich den Teil „Strategien für mehr Effektivität“ Ihres Verhaltensstils genauer an.
Schreiben Sie sich drei Dinge auf, die Sie umsetzen werden, um noch effektiver zu werden.

1.

2.

3.

Verhaltenstendenz 31/SD

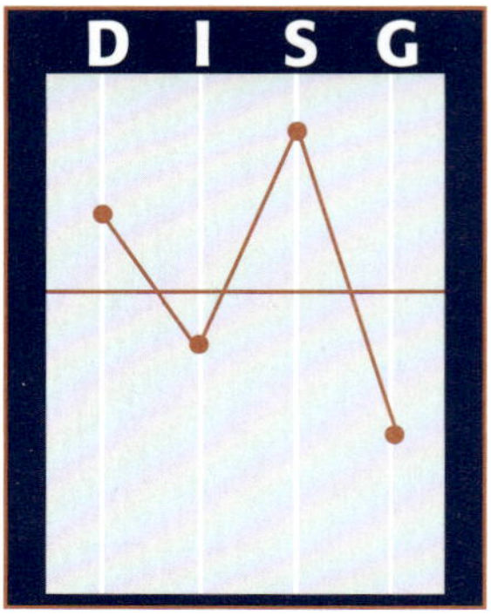

1. Verhaltenstendenz

- Kritischer Zuhörer;
- sucht nach Schwächen in konträren Positionen;
- ist eifrig, sorgfältig und wachsam;
- verknüpft Fakten, um neue Arbeitsmethoden zu entwickeln;
- verschafft sich Respekt durch Handlungen, weniger durch Worte;
- stellt unliebsame Fragen;
- sammelt gerne Wissen an und entwickelt oft Fachkenntnisse auf einem bestimmten Gebiet;
- kann am ehesten als *Spezialist* bezeichnet werden.

2. Mögliche Schwächen

- Kann zu emotionalen Menschen nur schwer Vertrauen fassen;
- ist distanziert;
- erscheint manchmal unsicher;
- will keine neuen Fähigkeiten lernen ohne die entsprechende Belohnung.

3. Bewältigung von Aufgaben

- Plant und führt Aufgaben aus;
- kommuniziert direkt und prägnant;
- löst Probleme unabhängig;
- neigt zu einfachen Lösungen;
- verteilt Lob und Tadel aufgrund von Produktivität.

4. Grundtendenzen

- Auswertbare Ergebnisse einfordern.

5. Motivation

- Möglichkeit, das persönliche Bedürfnis nach Erfüllung, Fachkenntnissen und Hochleistung zu befriedigen;
- arbeitet gut, wenn Gleichgestellte mit gemeinsamen Zielen ihm/ihr Respekt entgegenbringen.

6. Persönliche Werte

- Anerkennung,
- Aufklärung,
- Pflichterfüllung,
- Kontrolle.

7. Überzeugt andere

- Setzt Vernunft statt Gefühl ein;
- hebt einige harte, unverrückbare Fakten hervor und verlangt von anderen, ihre Ablehnung zu rechtfertigen;
- kann andere von materiellen und immateriellen Dingen relativ gut überzeugen.

8. Umgang mit Konflikten

- Zusammenarbeit;
- erkennt die Fehlleitung von Bemühungen, die den Fortschritt verlangsamen;
- sucht bei der Ausarbeitung einer Lösung die Hilfe anderer.

9. Reaktion unter Druck

- Selbstbeherrschung;
- baut auf gewohnten Schemata auf;
- kümmert sich um winzige Details.

10. Als Teamleiter

- Pragmatische Führungskraft;
- hilft dem Team, als Gruppe anstatt als Einzelpersonen zu arbeiten;
- steht zu seiner/ihrer Abhängigkeit von anderen bei sozialen Aufgaben.

11. Als Teammitglied

- Überprüft die Richtigkeit der Meinung anderer;
- wirkt ausgleichend und stellt sicher, dass Zweck und Ziel klar sind.

12. Bevorzugte Aufgaben/Funktionen

- Konzentration auf bestimmte Aufgaben, z. B. Prioritäten setzen;
- Forschung, Informationssammlung, z. B. die besten Lieferanten aussuchen;
- reparieren oder zusammenbauen.

13. Strategien für mehr Effektivität

- Flexibilität und Bereitschaft, eine Strategie zu überdenken;
- Ideen bildlich erläutern;
- tiefen und manchmal unberechtigten Groll vermeiden;
- mit anderen zusammenarbeiten, die taktvoller und überzeugender kommunizieren können (Verhaltenstendenz 21, 123, 124).

Wie stark stimmen Sie den einzelnen Punkten zu? Kreisen Sie in der nachfolgenden Tabelle eine Zahl zwischen 1 und 9 ein.

Meine Reaktion auf	Ich stimme zu			Ich habe Zweifel			Ich stimme nicht zu		
1. Verhaltenstendenz	1	2	3	4	5	6	7	8	9
2. Mögliche Schwächen	1	2	3	4	5	6	7	8	9
3. Bewältigung von Aufgaben	1	2	3	4	5	6	7	8	9
4. Grundtendenzen	1	2	3	4	5	6	7	8	9
5. Motivation	1	2	3	4	5	6	7	8	9
6. Persönliche Werte	1	2	3	4	5	6	7	8	9
7. Überzeugt andere	1	2	3	4	5	6	7	8	9
8. Umgang mit Konflikten	1	2	3	4	5	6	7	8	9
9. Reaktion unter Druck	1	2	3	4	5	6	7	8	9
10. Als Teamleiter	1	2	3	4	5	6	7	8	9
11. Als Teammitglied	1	2	3	4	5	6	7	8	9
12. Bevorzugte Aufgaben/ Funktionen	1	2	3	4	5	6	7	8	9
13. Strategien für mehr Effektivität	1	2	3	4	5	6	7	8	9

Schreiben Sie hier die drei wichtigsten Erkenntnisse auf, die Sie aus Ihrem Profil gewonnen haben.

Wie kann die Erkenntnis aus der Spalte „Grundtendenzen“ Sie in der Erledigung Ihrer täglichen Aufgaben unterstützen?

Wie beeinflussen die Erkenntnisse über Ihre möglichen Schwächen Ihren Arbeitsalltag?

Bitte sehen Sie sich den Teil „Strategien für mehr Effektivität“ Ihres Verhaltensstils genauer an.
Schreiben Sie sich drei Dinge auf, die Sie umsetzen werden, um noch effektiver zu werden.

1.

2.

3.

Verhaltenstendenz 32/SI

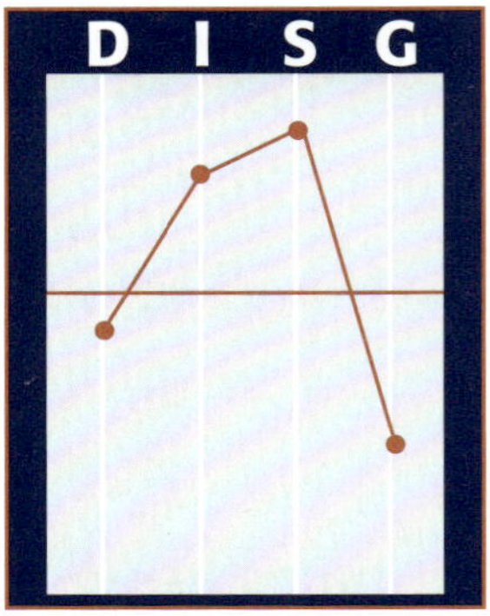

1. Verhaltenstendenz

- Schafft eine Atmosphäre guten Willens, hört aufmerksam zu;
- gibt anderen, was sie wirklich brauchen, auch wenn es zusätzliche Mühe kostet;
- ist offen für neue Ideen und Verfahren;
- nimmt die Meinung anderer ernst;
- ahmt erfolgreiche Kollegen nach;
- organisiert;
- überprüft wichtige Details;
- ist ehrlich, warmherzig und anerkennend;
- kann am ehesten als *Helfer* bezeichnet werden.

2. Mögliche Schwächen

- Vermeidet wichtige Konfrontationen;
- arbeitet bis zur Erschöpfung für andere;
- neigt dazu, willensstarken Menschen zu folgen;
- ist unter Druck unentschlossen und ausweichend.

3. Bewältigung von Aufgaben

- Verwendet bewährte Verfahren;
- zeigt Interesse an technischen Themen und Projekten, die mit Menschen zu tun haben;
- erarbeitet sich Ergebnisse durch Geduld und Anpassung an unterschiedliche Menschen und ihre Arbeitsweise.

4. Grundtendenzen

- Für Chancengleichheit und Fairness sorgen.

5. Motivation

- Möglichkeit, die persönlichen Bedürfnisse nach Zugehörigkeit, Loyalität und Selbstaufopferung zu befriedigen;
- arbeitet gut, wenn klar definierte Aufgaben zugewiesen werden.

6. Persönliche Werte

- Freundschaft,
- Pflichterfüllung,
- Stabilität und
- Anerkennung.

7. Überzeugt andere

- Gewinnt ihr Vertrauen;
- schafft eine Atmosphäre, die sich durch klare Kommunikation und gesunden Menschenverstand auszeichnet;
- lobt die Vernunft anderer;
- vermeidet aggressive Methoden;
- kann andere von materiellen Dingen sehr gut und von immateriellen Dingen relativ gut überzeugen.

8. Umgang mit Konflikten

- Entgegenkommen;
- antwortet umfassend auf spitze Fragen;
- versucht, die Gefühle anderer zu beruhigen und Beziehungen aufrechtzuerhalten.

9. Reaktion unter Druck

- Übernimmt mehr Verantwortung;
- wendet sich an Höhergestellte oder Fachleute, um endgültige, wichtige Entscheidungen zu treffen.

10. Als Teamleiter

- Unterstützende Führungskraft, die dem Team bei technischen Aufgaben und Projekten, die mit Menschen zu tun haben, beisteht;
- gibt Anweisungen, wenn er/sie darum gebeten wird.

11. Als Teammitglied

- Übernimmt Aufgaben, die andere vielleicht ablehnen würden;
- zeigt Unabhängigkeit, wenn dies erforderlich ist; erschreckt andere manchmal durch Offenheit und Ehrlichkeit.

12. Bevorzugte Aufgaben/Funktionen

- Unterstützung anbieten, z. B. anderen helfen, Stress abzubauen;
- sich um bestimmte Verfahren kümmern, z. B. ordentliche Buchführung;
- Lob und Anerkennung zeigen, z. B. die Beiträge der Teammitglieder anerkennen.

13. Strategien für mehr Effektivität

- Neues wagen;
- Flexibilität bei Routinearbeiten anstreben;
- neue und andere Rollenaufgaben übernehmen;
- andere bitten, bei Details mitzuwirken;
- unnachgiebig sein und sofort konsequent handeln;
- mit anderen zusammenarbeiten, die mehr Risiken eingehen und bessere, kreativere Ideen haben (Verhaltenstendenzen 1, 12, 13).

Wie stark stimmen Sie den einzelnen Punkten zu? Kreisen Sie in der nachfolgenden Tabelle eine Zahl zwischen 1 und 9 ein.

Meine Reaktion auf	Ich stimme zu			Ich habe Zweifel			Ich stimme nicht zu		
1. Verhaltenstendenz	1	2	3	4	5	6	7	8	9
2. Mögliche Schwächen	1	2	3	4	5	6	7	8	9
3. Bewältigung von Aufgaben	1	2	3	4	5	6	7	8	9
4. Grundtendenzen	1	2	3	4	5	6	7	8	9
5. Motivation	1	2	3	4	5	6	7	8	9
6. Persönliche Werte	1	2	3	4	5	6	7	8	9
7. Überzeugt andere	1	2	3	4	5	6	7	8	9
8. Umgang mit Konflikten	1	2	3	4	5	6	7	8	9
9. Reaktion unter Druck	1	2	3	4	5	6	7	8	9
10. Als Teamleiter	1	2	3	4	5	6	7	8	9
11. Als Teammitglied	1	2	3	4	5	6	7	8	9
12. Bevorzugte Aufgaben/ Funktionen	1	2	3	4	5	6	7	8	9
13. Strategien für mehr Effektivität	1	2	3	4	5	6	7	8	9

Schreiben Sie hier die drei wichtigsten Erkenntnisse auf, die Sie aus Ihrem Profil gewonnen haben.

Wie kann die Erkenntnis aus der Spalte „Grundtendenzen“ Sie in der Erledigung Ihrer täglichen Aufgaben unterstützen?

Wie beeinflussen die Erkenntnisse über Ihre möglichen Schwächen Ihren Arbeitsalltag?

Bitte sehen Sie sich den Teil „Strategien für mehr Effektivität" Ihres Verhaltensstils genauer an.
Schreiben Sie sich drei Dinge auf, die Sie umsetzen werden, um noch effektiver zu werden.

1.

2.

3.

Verhaltenstendenz 34/SG

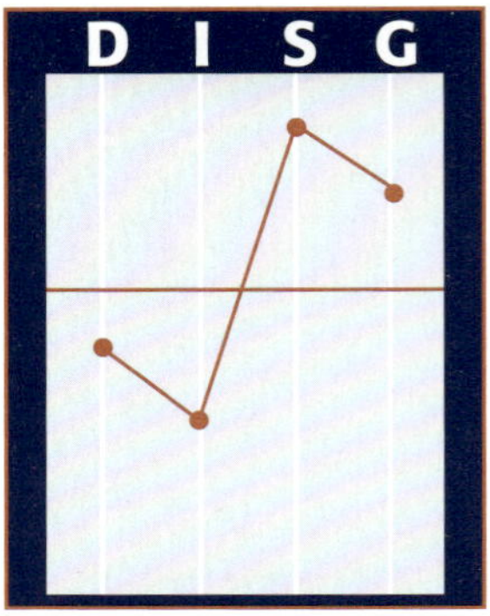

1. Verhaltenstendenz

- Verdient sich Anerkennung;
- ist erfolgreich durch Fleiß;
- sammelt Daten, um Schlussfolgerungen zu untermauern;
- strebt nach Sicherheit, indem er/sie sich Gewissheit über Ideen verschafft;
- stellt infrage, macht Kompromisse, erreicht Konsens;
- will Verantwortung mit anderen teilen und lässt andere endgültig entscheiden;
- plant, bevor er/sie etwas verspricht;
- kann am ehesten als *Gralshüter* bezeichnet werden.

2. Mögliche Schwächen

- Ist manchmal pessimistisch;
- neigt dazu, andere vorschnell nach ihrer Erscheinung und ihrem Auftreten zu beurteilen;
- erzeugt manchmal Unbehagen bei Menschen, die eine andere Meinung haben.

3. Bewältigung von Aufgaben

- Eignet sich technische Kenntnisse an;
- arbeitet einen festgelegten Ablauf aus und hält ein konstantes Tempo ein;
- übernimmt unangenehme Verpflichtungen, ohne zu klagen;
- neigt dazu, sich stark auf bewährte Menschen, Produkte oder Ideen zu verlassen.

4. Grundtendenzen

- Kalkuliertes und stetiges Tempo vorgeben.

5. Motivation

- Möglichkeit, die persönlichen Bedürfnisse nach Zugehörigkeit, Erfüllung und Vorhersehbarkeit zu befriedigen;
- arbeitet gut, wenn eine detaillierte Aufgabenbeschreibung zur Verfügung steht.

6. Persönliche Werte

- Anerkennung,
- Wissen,
- Sicherheit,
- Stabilität.

7. Überzeugt andere

- Standhaftigkeit und Verlässlichkeit;
- die Glaubwürdigkeit früherer Leistungen hervorheben;
- Nützlichkeit und Pflichterfüllung hohe Priorität einräumen;
- verwendet gut strukturierte Präsentationen;
- spricht oft mit Manuskript;
- kann andere von materiellen Dingen gut und von immateriellen Dingen relativ gut überzeugen.

8. Umgang mit Konflikten

- Kompromisse mit durchdachtem Ansatz;
- bezieht frühere Erfahrungen mit ein;
- findet eine für alle annehmbare Haltung.

9. Reaktion unter Druck

- Verlässt sich auf die eigene Urteilskraft;
- verschließt sich;
- behält Absichten bis zum geeigneten Augenblick für sich.

10. Als Teamleiter

- Analytische Führungskraft, die das Team bei der Untersuchung von Meinungen und Fakten unterstützt;
- ist uneingeschränkt loyal gegenüber engen Mitarbeitern.

11. Als Teammitglied

- Trägt Aufgaben gemeinsam;
- nutzt gesunden Menschenverstand, praktische Veranlagung und kostengünstige Methoden;
- ist am Gesamtergebnis interessiert.

12. Bevorzugte Aufgaben/Funktionen

- Ein Problem durchdenken, z. B. die Folgen unterschiedlicher Lösungen abwägen;
- Pläne oder Anweisungen konsequent ausführen, z. B. Termine einhalten;
- Geräte bedienen.

13. Strategien für mehr Effektivität

- Sorgen offen und direkt ansprechen;
- nicht überempfindlich auf Kritik reagieren;
- empfänglicher für Veränderungen sein;
- sich schwierigen Menschen stellen;
- Auseinandersetzungen nicht aus dem Weg gehen;
- Geheimnistuerei bei der Planung vermeiden;
- mit anderen zusammenarbeiten, die ihre Meinung besser ausdrücken können (Verhaltenstendenzen 12, 21, 32).

Wie stark stimmen Sie den einzelnen Punkten zu? Kreisen Sie in der nachfolgenden Tabelle eine Zahl zwischen 1 und 9 ein.

Meine Reaktion auf	Ich stimme zu			Ich habe Zweifel			Ich stimme nicht zu		
1. Verhaltenstendenz	1	2	3	4	5	6	7	8	9
2. Mögliche Schwächen	1	2	3	4	5	6	7	8	9
3. Bewältigung von Aufgaben	1	2	3	4	5	6	7	8	9
4. Grundtendenzen	1	2	3	4	5	6	7	8	9
5. Motivation	1	2	3	4	5	6	7	8	9
6. Persönliche Werte	1	2	3	4	5	6	7	8	9
7. Überzeugt andere	1	2	3	4	5	6	7	8	9
8. Umgang mit Konflikten	1	2	3	4	5	6	7	8	9
9. Reaktion unter Druck	1	2	3	4	5	6	7	8	9
10. Als Teamleiter	1	2	3	4	5	6	7	8	9
11. Als Teammitglied	1	2	3	4	5	6	7	8	9
12. Bevorzugte Aufgaben/ Funktionen	1	2	3	4	5	6	7	8	9
13. Strategien für mehr Effektivität	1	2	3	4	5	6	7	8	9

Schreiben Sie hier die drei wichtigsten Erkenntnisse auf, die Sie aus Ihrem Profil gewonnen haben.

Wie kann die Erkenntnis aus der Spalte „Grundtendenzen“ Sie in der Erledigung Ihrer täglichen Aufgaben unterstützen?

Wie beeinflussen die Erkenntnisse über Ihre möglichen Schwächen Ihren Arbeitsalltag?

Bitte sehen Sie sich den Teil „Strategien für mehr Effektivität“ Ihres Verhaltensstils genauer an.
Schreiben Sie sich drei Dinge auf, die Sie umsetzen werden, um noch effektiver zu werden.

1.

2.

3.

Verhaltenstendenz 41/GD

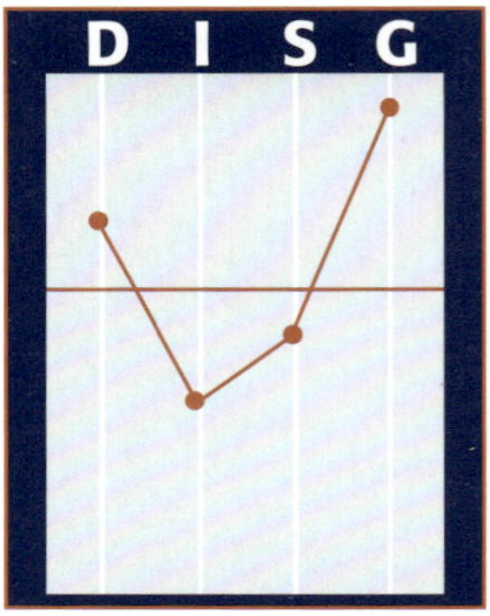

1. Verhaltenstendenz

- Wägt alle Aspekte eines Problems ab;
- hat Schwierigkeiten, die richtige Entscheidung zu treffen;
- trifft Entscheidungen aufgrund von wiederholten Prüfungen und Praxis;
- klärt Probleme und vereinfacht Prozesse;
- wählt ein bedächtiges Tempo, formuliert sorgfältig und gibt genaue Erklärungen;
- umsorgt, hilft, zeigt Einfühlungsvermögen nur gegenüber engen Freunden;
- kann am ehesten als *Experimentierer* bezeichnet werden.

2. Mögliche Schwächen

- Ist übermäßig ernst und zurückhaltend;
- braucht zu lange für wichtige Entscheidungen;
- gibt mehr Informationen als notwendig.

3. Bewältigung von Aufgaben

- Aktuelle Informationen zu erhalten ist ihm/ihr wichtig;
- unterzieht jede Idee einer Nützlichkeitsprüfung;
- überprüft ursprüngliche Beurteilung mehrmals;
- umfassende Planung macht ihn/sie zuversichtlich;
- macht selten einen Fehlstart, verzögert selten und verschwendet keine Energie.

4. Grundtendenzen

- Praktische Ideen und Methoden entwickeln.

5. Motivation

- Möglichkeit, die persönlichen Bedürfnisse nach erkennbaren Leistungen, Alleinsein und Disziplin zu befriedigen;
- arbeitet gut, wenn er/sie überprüfen kann, wie nützlich eine Idee ist.

6. Persönliche Werte

- Kreativität,
- Präzisionsarbeit,
- Anerkennung,
- Stabilität.

7. Überzeugt andere

- Unsicherheit verringern und Versprechen erfüllen;
- andere mit Hilfe von beweiskräftigen Unterlagen überzeugen;
- mit Einwänden ruhig umgehen;
- kann andere von materiellen und von immateriellen Dingen relativ gut überzeugen.

8. Umgang mit Konflikten

- Zusammenarbeit;
- analysieren, Probleme intellektuell zerlegen;
- impulsives Verhalten vermeiden;
- einige strittige Punkte für andere aufgeben.

9. Reaktion unter Druck

- Sorgfältige Vorbereitung;
- Lösungen entwickeln, die zusätzliche Probleme vermeiden können.

10. Als Teamleiter

- Erfindungsreiche Führungskraft;
- hilft dem Team, die Dinge in einem neuen Licht zu betrachten;
- ermuntert das Team, Neues auszuprobieren.

11. Als Teammitglied

- Verfolgt alle möglichen Wege, um Lösungen zu finden;
- strebt nach Qualität, auch wenn er/sie andere dadurch verletzt;
- ermutigt andere, Bewertungen abzugeben.

12. Bevorzugte Aufgaben/Funktionen

- Das, was andere entwickelt haben, einsetzen und darauf aufbauen;
- konstruieren, z. B. Modelle und das Endprodukt;
- erfinden, z. B. Begriffe, Formen, Prozesse, Produkte.

13. Strategien für mehr Effektivität

- Gefühle zeigen, insbesondere Optimismus;
- lächeln;
- lernen, mit möglicher Ablehnung umzugehen;
- mindestens eine vertrauensvolle Person als Sprecher aufbauen;
- andere ermutigen, Dinge infrage zu stellen und Feedback zu geben;
- aufgeschlossen sein;
- anderen eine zweite Chance geben;
- Meinungsverschiedenheiten ausdiskutieren, anstatt sich zurückzuziehen;
- mit anderen zusammenarbeiten, die verbindlicher sind (Verhaltenstendenz 3, 23, 234).

Wie stark stimmen Sie den einzelnen Punkten zu? Kreisen Sie in der nachfolgenden Tabelle eine Zahl zwischen 1 und 9 ein.

Meine Reaktion auf	Ich stimme zu			Ich habe Zweifel			Ich stimme nicht zu		
1. Verhaltenstendenz	1	2	3	4	5	6	7	8	9
2. Mögliche Schwächen	1	2	3	4	5	6	7	8	9
3. Bewältigung von Aufgaben	1	2	3	4	5	6	7	8	9
4. Grundtendenzen	1	2	3	4	5	6	7	8	9
5. Motivation	1	2	3	4	5	6	7	8	9
6. Persönliche Werte	1	2	3	4	5	6	7	8	9
7. Überzeugt andere	1	2	3	4	5	6	7	8	9
8. Umgang mit Konflikten	1	2	3	4	5	6	7	8	9
9. Reaktion unter Druck	1	2	3	4	5	6	7	8	9
10. Als Teamleiter	1	2	3	4	5	6	7	8	9
11. Als Teammitglied	1	2	3	4	5	6	7	8	9
12. Bevorzugte Aufgaben/ Funktionen	1	2	3	4	5	6	7	8	9
13. Strategien für mehr Effektivität	1	2	3	4	5	6	7	8	9

Schreiben Sie hier die drei wichtigsten Erkenntnisse auf, die Sie aus Ihrem Profil gewonnen haben.

Wie kann die Erkenntnis aus der Spalte „Grundtendenzen“ Sie in der Erledigung Ihrer täglichen Aufgaben unterstützen?

Wie beeinflussen die Erkenntnisse über Ihre möglichen Schwächen Ihren Arbeitsalltag?

Bitte sehen Sie sich den Teil „Strategien für mehr Effektivität“ Ihres Verhaltensstils genauer an.
Schreiben Sie sich drei Dinge auf, die Sie umsetzen werden, um noch effektiver zu werden.

1.

2.

3.

Verhaltenstendenz 42/GI

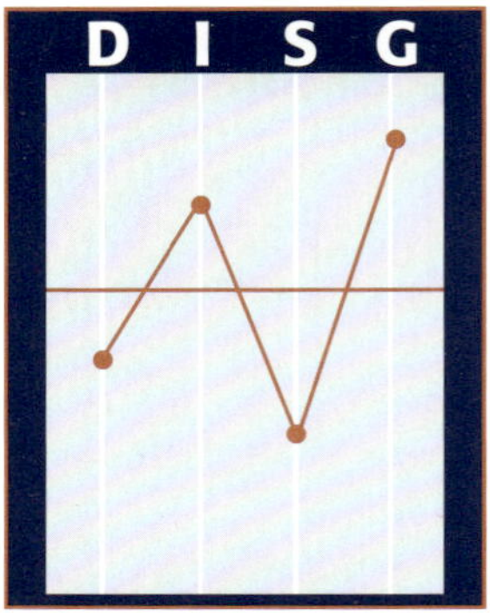

1. Verhaltenstendenz

- Ist freundlich, taktvoll und angenehm;
- zeigt akzeptiertes und berechenbares Verhalten;
- neigt dazu, mehr für sich als für andere im Konjunktiv zu sprechen;
- entwickelt analytische und systematische Ansätze;
- erwartet Belohnungen wie Gehaltserhöhungen und andere Vorteile, wenn er/sie das Richtige tut;
- kann das Ergebnis einer Ereigniskette vorhersagen;
- kann am ehesten als *Gutachter* bezeichnet werden.

2. Mögliche Schwächen

- Übt manchmal harsche Kritik;
- ist in fortgeschrittenen Planungsphasen anderen gegenüber oft ungeduldig;
- ist ängstlich/besorgt, wenn Entscheidungen gefällt werden müssen.

3. Bewältigung von Aufgaben

- Wägt die Wichtigkeit verschiedener Aufgaben ab;
- setzt Prioritäten;
- setzt sehr hohe Ziele;
- knüpft die richtigen Verbindungen;
- ist realistisch;
- erhöht das eigene Interesse durch Flexibilität und jongliert mehrere Projekte gleichzeitig.

4. Grundtendenzen

- Überprüfung und Testung von Ideen auf Realisierbarkeit.

5. Motivation

- Möglichkeit, die persönlichen Bedürfnisse nach besonderen Leistungen, Korrektheit und Wissen zu befriedigen;
- arbeitet gut, wenn etwas von Wert und Qualität geschaffen werden kann.

6. Persönliche Werte

- Wettbewerb,
- Aufklärung,
- Akzeptanz,
- ethischer/moralischer Kodex.

7. Überzeugt andere

- Geradlinige Kommunikation;
- veranschaulicht Fakten objektiv und mit etwas Humor gewürzt;
- berät und diskutiert über Kommentare;
- kann andere von materiellen Dingen sehr gut und von immateriellen Dingen relativ gut überzeugen.

8. Umgang mit Konflikten

- Kompromissbereit;
- ermutigt alle, konstruktiv zu sein;
- korrektes Verhalten;
- versucht, einen gemeinsamen Nenner zu finden.

9. Reaktion unter Druck

- Wird wettbewerbsorientiert;
- schützt die eigenen Interessen;
- ist stur und unfreundlich.

10. Als Teamleiter

- Fürsorgliche Führungskraft, die die Vorgehensweise des Teams bestätigt;
- besteht darauf, dass die Richtlinien streng befolgt werden.

11. Als Teammitglied

- Meldet sich freiwillig für Aufgaben, die mit der Perfektion einer Idee/eines Produktes zu tun haben;
- erhält Respekt und Bewunderung, weil er/sie in Stresssituationen ruhig bleibt;
- hält Verpflichtungen ein.

12. Bevorzugte Aufgaben/Funktionen

- Problemlösung, z. B. Hindernisse beseitigen, die die Produktivität einschränken;
- vergleichen, Unterschiede und Ähnlichkeiten feststellen, z. B. Angebote, Produkte.

13. Strategien für mehr Effektivität

- Bei der Bewertung anderer weniger schroff sein;
- Menschen nehmen, wie sie sind;
- ihnen erlauben, eigene Entscheidungen zu treffen;
- auf die Meinung anderer hören;
- Details, die zur Erfüllung einer Aufgabe gehören, konsequent verfolgen, realistische Fristen setzen;
- bei weniger bedeutenden Aspekten eines Problems Entschlossenheit zeigen;
- Einwände leicht überwinden;
- Schuldzuweisungen vermeiden;
- mit anderen zusammenarbeiten, die geduldiger und konsequenter sind (Verhaltenstendenzen 3, 4, 43).

Wie stark stimmen Sie den einzelnen Punkten zu? Kreisen Sie in der nachfolgenden Tabelle eine Zahl zwischen 1 und 9 ein.

Meine Reaktion auf	Ich stimme zu			Ich habe Zweifel			Ich stimme nicht zu		
1. Verhaltenstendenz	1	2	3	4	5	6	7	8	9
2. Mögliche Schwächen	1	2	3	4	5	6	7	8	9
3. Bewältigung von Aufgaben	1	2	3	4	5	6	7	8	9
4. Grundtendenzen	1	2	3	4	5	6	7	8	9
5. Motivation	1	2	3	4	5	6	7	8	9
6. Persönliche Werte	1	2	3	4	5	6	7	8	9
7. Überzeugt andere	1	2	3	4	5	6	7	8	9
8. Umgang mit Konflikten	1	2	3	4	5	6	7	8	9
9. Reaktion unter Druck	1	2	3	4	5	6	7	8	9
10. Als Teamleiter	1	2	3	4	5	6	7	8	9
11. Als Teammitglied	1	2	3	4	5	6	7	8	9
12. Bevorzugte Aufgaben/ Funktionen	1	2	3	4	5	6	7	8	9
13. Strategien für mehr Effektivität	1	2	3	4	5	6	7	8	9

Schreiben Sie hier die drei wichtigsten Erkenntnisse auf, die Sie aus Ihrem Profil gewonnen haben.

Wie kann die Erkenntnis aus der Spalte „Grundtendenzen" Sie in der Erledigung Ihrer täglichen Aufgaben unterstützen?

Wie beeinflussen die Erkenntnisse über Ihre möglichen Schwächen Ihren Arbeitsalltag?

Bitte sehen Sie sich den Teil „Strategien für mehr Effektivität" Ihres Verhaltensstils genauer an.
Schreiben Sie sich drei Dinge auf, die Sie umsetzen werden, um noch effektiver zu werden.

1.

2.

3.

Verhaltenstendenzen 43/GS

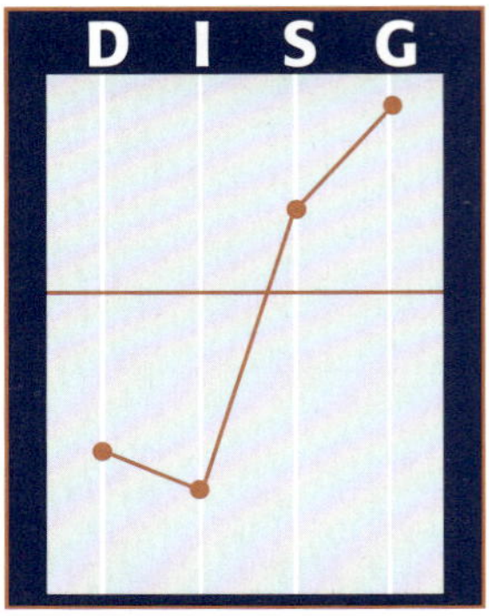

1. Verhaltenstendenz

- Glaubt, Probleme verhindern zu können;
- setzt Verteidigungsstrategien ein, um Schwierigkeiten zu vermeiden;
- hört sich alle Aspekte eines Themas an;
- ist rationell und vernünftig;
- hat ein starkes Bewusstsein für das, was richtig und falsch ist;
- versucht, andere zu Kompromissen zu bewegen;
- spricht überlegt;
- kümmert sich um Details;
- geht kalkulierbare Risiken ein, nachdem er/sie die Fakten gesammelt hat;
- kann am ehesten als *kritischer Denker* bezeichnet werden.

2. Mögliche Schwächen

- Ist manchmal übervorsichtig;
- interessiert sich mehr für Daten als für Menschen;
- verlässt sich auf etablierte Verfahren oder seine/ihre Vorgesetzten.

3. Bewältigung von Aufgaben

- Festigt Kommunikationskanäle und andere Ressourcen;
- stellt fest, ob bestehende Verfahren ausreichend sind;
- will die Qualität verbessern;
- entwickelt hohe Standards;
- besteht auf Strafen für andere, die schlechte Leistung bringen.

4. Grundtendenzen

- Aufgaben mit praktischen Fertigkeiten bewältigen.

5. Motivation

- Möglichkeit, die persönlichen Bedürfnisse nach Anwendung von Fachkenntnissen, Wissen und Ordnung zu befriedigen;
- arbeitet gut, wenn das Umfeld klar definiert und frei von Feindseligkeiten ist.

6. Persönliche Werte

- Wissen,
- Präzision,
- Stabilität,
- Anerkennung.

7. Überzeugt andere

- Freundlichkeit und Verantwortungsbewusstsein;
- nennt Pro und Kontra einer Idee/eines Produktes;
- wählt Schlechtinformierten gegenüber den richtigen Ton;
- kann andere von materiellen und von immateriellen Dingen relativ gut überzeugen.

8. Umgang mit Konflikten

- Vermeidung;
- neigt zum Grübeln;
- lässt zu, dass sich negative Gefühle verbreiten und dass Probleme verschleiert werden;
- versucht, Spannungen zu minimieren.

9. Reaktion unter Druck

- Lässt andere führen;
- zieht es vor, den Routineablauf fortzusetzen.

10. Als Teamleiter

- Traditionelle Führungskraft, die dem Bedürfnis des Teams nach Kontinuität entgegenkommt.

11. Als Teammitglied

- Führt zugewiesene Aufgaben aus;
- bespricht sich mit Fachleuten, wenn Zweifel über ein Verfahren oder System bestehen;
- bevorzugt Stabilität anstelle von ungehemmtem Fortschritt.

12. Bevorzugte Aufgaben/Funktionen

- Details viel Aufmerksamkeit schenken, z. B. eine Aufgabenstellung wortwörtlich befolgen;
- ausrechnen und berechnen, z. B. ein Budget aufstellen;
- untermauern oder dokumentieren, z. B. Beweise für etwas liefern.

13. Strategien für mehr Effektivität

- Wärme und Verständnis zeigen;
- Ansichten und Aufgaben in Worte fassen und klar ausdrücken;
- Toleranz für Konflikte entwickeln;
- auch bei Angriffen taktvoll und diplomatisch kommunizieren;
- Fragen stellen, um die Beteiligung anderer zu fördern;
- mit anderen zusammenarbeiten, die Menschen besser zusammenbringen können (Verhaltenstendenzen 2, 42, 234).

Wie stark stimmen Sie den einzelnen Punkten zu? Kreisen Sie in der nachfolgenden Tabelle eine Zahl zwischen 1 und 9 ein.

Meine Reaktion auf	**Ich stimme zu**			**Ich habe Zweifel**			**Ich stimme nicht zu**		
1. Verhaltenstendenz	1	2	3	4	5	6	7	8	9
2. Mögliche Schwächen	1	2	3	4	5	6	7	8	9
3. Bewältigung von Aufgaben	1	2	3	4	5	6	7	8	9
4. Grundtendenzen	1	2	3	4	5	6	7	8	9
5. Motivation	1	2	3	4	5	6	7	8	9
6. Persönliche Werte	1	2	3	4	5	6	7	8	9
7. Überzeugt andere	1	2	3	4	5	6	7	8	9
8. Umgang mit Konflikten	1	2	3	4	5	6	7	8	9
9. Reaktion unter Druck	1	2	3	4	5	6	7	8	9
10. Als Teamleiter	1	2	3	4	5	6	7	8	9
11. Als Teammitglied	1	2	3	4	5	6	7	8	9
12. Bevorzugte Aufgaben/ Funktionen	1	2	3	4	5	6	7	8	9
13. Strategien für mehr Effektivität	1	2	3	4	5	6	7	8	9

Schreiben Sie hier die drei wichtigsten Erkenntnisse auf, die Sie aus Ihrem Profil gewonnen haben.

Wie kann die Erkenntnis aus der Spalte „Grundtendenzen“ Sie in der Erledigung Ihrer täglichen Aufgaben unterstützen?

Wie beeinflussen die Erkenntnisse über Ihre möglichen Schwächen Ihren Arbeitsalltag?

Bitte sehen Sie sich den Teil „Strategien für mehr Effektivität" Ihres Verhaltensstils genauer an.
Schreiben Sie sich drei Dinge auf, die Sie umsetzen werden, um noch effektiver zu werden.

1.

2.

3.

Verhaltenstendenzen 123/DIS

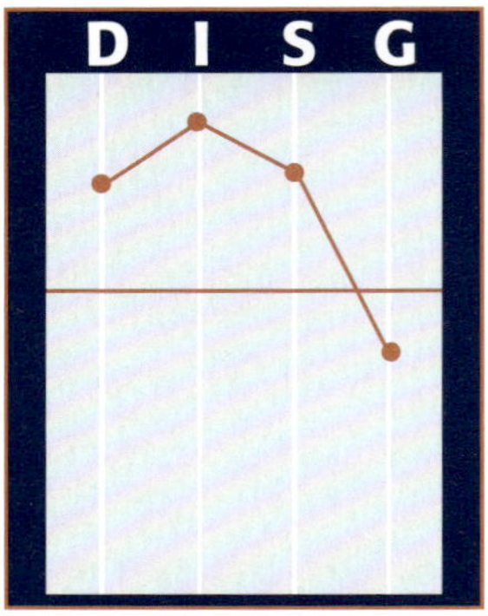

1. Verhaltenstendenz

- Kann mit unterschiedlichen Leuten gut kommunizieren;
- ist bereit, zuzuhören, Fragen zu stellen, zu verhandeln und Kompromisse einzugehen;
- wird von neuen Ideen, guter Laune und freundlich gesinnter Rivalität stimuliert;
- ist selbstbewusst;
- nutzt sowohl Gefühle als auch Fakten, um persönliche Überzeugungen zu untermauern;
- kann am ehesten als *Administrator* bezeichnet werden.

2. Mögliche Schwächen

- Trifft Entscheidungen nur zögerlich, wenn Meinungsverschiedenheiten wahrscheinlich sind;
- neigt bei neuen Projekten zu übermäßiger Selbstkritik;
- verfolgt Einfälle nicht immer mit dem gleichen Schwung.

3. Bewältigung von Aufgaben

- Will bei Arbeit und technischer Leistung die Nase vorn haben;
- formuliert sorgfältig geplante Programme und Abläufe;
- macht außergewöhnliche Teamproduktivität möglich;
- hält realistische Termine ein.

4. Grundtendenzen

- Bei der Entwicklung von Alternativen Außergewöhnliches leisten.

5. Motivation

- Möglichkeit, die persönlichen Bedürfnisse nach Leistung, Selbstbehauptung und Zugehörigkeit zu befriedigen;
- arbeitet gut, wenn er/sie gegen den Strom schwimmen und sich einen Vorteil verschaffen kann.

6. Persönliche Werte

- Menschen,
- Führung,
- Vielfalt,
- Wissen,
- Wettbewerb.

7. Überzeugt andere

- Reagiert bei Konfrontationen überlegt;
- ist jeweils zum richtigen Zeitpunkt gesellig, charmant oder betroffen;
- geht Fragen nach;
- antwortet schnell;
- kann andere sowohl von materiellen als auch von immateriellen Dingen sehr gut überzeugen.

8. Umgang mit Konflikten

- Zusammenarbeit;
- zeigt effektive Lösungen auf;
- hinterfragt die Motive von Andersdenkenden, die gute Absichten zu haben scheinen, versucht jedoch, trotz unterschiedlicher Meinungen einen Konsens zu erreichen.

9. Reaktion unter Druck

- Bewahrt feste Überzeugungen;
- ist stur und widerspenstig.

10. Als Teamleiter

- Anteil nehmende Führungskraft, die dem Team hilft, die Fähigkeiten und Talente jedes einzelnen Teammitglieds zu nutzen, wodurch Unzufriedenheit verringert wird.

11. Als Teammitglied

- Hält realistische Termine ein;
- ist sehr unabhängig;
- sucht Aufgaben, die einen breiten Überblick und Kenntnisse über den gesamten Vorgang erfordern.

12. Bevorzugte Aufgaben/Funktionen

- Menschen und Situationen rasch einschätzen können, sich z. B. aufgrund von wichtigen Details schnell ein Bild machen können;
- andere führen, z. B. eine Vision projizieren;
- Lob und Anerkennung teilen, z. B. Belohnungen aufteilen.

13. Strategien für mehr Effektivität

- Diskussionen in die Wege leiten, um zweideutige Situationen zu klären;
- lernen, diejenigen zu akzeptieren, die bei ihrer praktischen Arbeit traditioneller und konventioneller handeln;
- unvoreingenommen auf Fragen zur Leistung antworten;
- feststellen, wie Anstrengungen bewertet werden;
- mit anderen zusammenarbeiten, die Genauigkeit besser überprüfen können (Verhaltenstendenzen 14, 31, 41).

Wie stark stimmen Sie den einzelnen Punkten zu? Kreisen Sie in der nachfolgenden Tabelle eine Zahl zwischen 1 und 9 ein.

Meine Reaktion auf	Ich stimme zu			Ich habe Zweifel			Ich stimme nicht zu		
1. Verhaltenstendenz	1	2	3	4	5	6	7	8	9
2. Mögliche Schwächen	1	2	3	4	5	6	7	8	9
3. Bewältigung von Aufgaben	1	2	3	4	5	6	7	8	9
4. Grundtendenzen	1	2	3	4	5	6	7	8	9
5. Motivation	1	2	3	4	5	6	7	8	9
6. Persönliche Werte	1	2	3	4	5	6	7	8	9
7. Überzeugt andere	1	2	3	4	5	6	7	8	9
8. Umgang mit Konflikten	1	2	3	4	5	6	7	8	9
9. Reaktion unter Druck	1	2	3	4	5	6	7	8	9
10. Als Teamleiter	1	2	3	4	5	6	7	8	9
11. Als Teammitglied	1	2	3	4	5	6	7	8	9
12. Bevorzugte Aufgaben/ Funktionen	1	2	3	4	5	6	7	8	9
13. Strategien für mehr Effektivität	1	2	3	4	5	6	7	8	9

Schreiben Sie hier die drei wichtigsten Erkenntnisse auf, die Sie aus Ihrem Profil gewonnen haben.

Wie kann die Erkenntnis aus der Spalte „Grundtendenzen" Sie in der Erledigung Ihrer täglichen Aufgaben unterstützen?

Wie beeinflussen die Erkenntnisse über Ihre möglichen Schwächen Ihren Arbeitsalltag?

Bitte sehen Sie sich den Teil „Strategien für mehr Effektivität" Ihres Verhaltensstils genauer an.
Schreiben Sie sich drei Dinge auf, die Sie umsetzen werden, um noch effektiver zu werden.

1.

2.

3.

Verhaltenstendenz 124/DIG

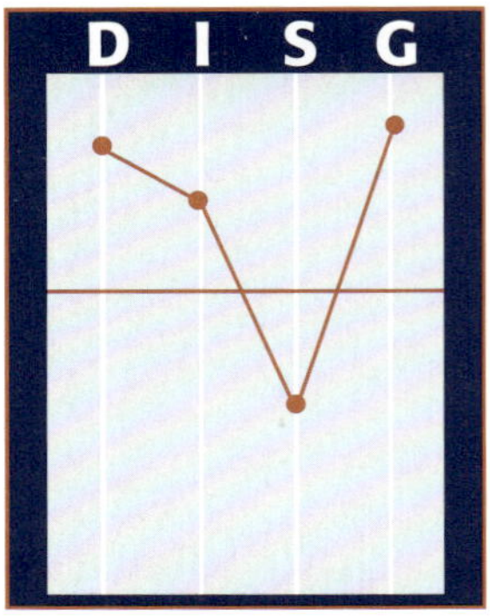

1. Verhaltenstendenz

- Erreicht eine positive Kehrtwende;
- ist fasziniert von neuen Verfahren und Methoden;
- prüft und selektiert die besten Ideen und baut sie in das bestehende System ein, um die Qualität zu verbessern;
- ist fantasievoll, eigensinnig und gewissenhaft;
- liefert praktische und messbare Methoden zur Arbeitsbewertung;
- kann am ehesten als *Vermittler* bezeichnet werden.

2. Mögliche Schwächen

- Verabscheut banale Pflichten und Routinearbeiten;
- hält den Terminplan nicht ein, wenn andere die Kleinarbeit nicht richtig machen;
- gibt langatmige Erklärungen ab, die manchmal als arrogant und gefühllos empfunden werden.

3. Bewältigung von Aufgaben

- Betrachtet die Aufgabe unvoreingenommen und sucht nach besseren Methoden;
- ist bereit, schlechte Systeme und Methoden zu ersetzen und neu anzufangen;
- sucht nach neuen Aufgaben;
- Praxis macht ihn/sie erfolgreich.

4. Grundtendenzen

- Unmittelbare Ergebnisse erzielen.

5. Motivation

- Möglichkeit, die persönlichen Bedürfnisse nach Können, Individualismus und Zugehörigkeit zu befriedigen;
- arbeitet gut, wenn er/sie verschiedene zielführende Wege ausarbeiten kann.

6. Persönliche Werte

- Herausforderung,
- Kreativität,
- Entscheidungsfindung,
- Vielfalt.

7. Überzeugt andere

- Nutzt gesammelte Informationen direkt und effektiv;
- bereitet den Zuhörer auf eine logische und nutzbringende Entscheidung vor;
- nutzt Humor und witzige Anekdoten, um den trockenen Fakten mehr Farbe und Würze zu verleihen;
- kann andere sowohl von materiellen als auch von immateriellen Dingen sehr gut überzeugen.

8. Umgang mit Konflikten

- Kompromisse;
- kommt den anderen entgegen;
- gibt Teile seiner persönlichen Ziele für das große Ganze auf und überzeugt andere, das Gleiche zu tun.

9. Reaktion unter Druck

- Ist gelassen und zeigt Selbstvertrauen;
- bittet andere, bei Kleinarbeit zu helfen.

10. Als Teamleiter

- Vermittelnde Führungskraft, die dem Team hilft, gerechtfertigte Meinungsverschiedenheiten zu überbrücken;
- versucht, eine Sache aus verschiedenen Blickwinkeln zu betrachten.

11. Als Teammitglied

- Lernt neue Fertigkeiten;
- nimmt unterschiedliche Rollen im Team ein;
- hilft, Antiquiertes neu zu gestalten.

12. Bevorzugte Aufgaben/Funktionen

- Kreativität bei der Entwicklung neuer Symbole oder Bilder zeigen, z. B. neue Slogans, Melodien, Themen für Artikel, Newsletter erfinden;
- Erkenntnisse auf Menschen anwenden, z. B. ein motivierendes Umfeld schaffen;
- erfinden, z. B. Begriffe, Formen, Produkte.

13. Strategien für mehr Effektivität

- Auch mit Menschen, die ihre Verantwortung vernachlässigen, fair umgehen;
- besseres Zeitmanagement, um sicherzustellen, dass auch Kleinarbeit effizient gehandhabt wird;
- erfahrene Fachleute respektieren;
- verschiedene Menschen zusammenbringen;
- mit Menschen zusammenarbeiten, die Aufgaben besser konsequent durchziehen können (Verhaltenstendenz 31, 34, 41).

Wie stark stimmen Sie den einzelnen Punkten zu? Kreisen Sie in der nachfolgenden Tabelle eine Zahl zwischen 1 und 9 ein.

Meine Reaktion auf	**Ich stimme zu**			**Ich habe Zweifel**			**Ich stimme nicht zu**		
1. Verhaltenstendenz	1	2	3	4	5	6	7	8	9
2. Mögliche Schwächen	1	2	3	4	5	6	7	8	9
3. Bewältigung von Aufgaben	1	2	3	4	5	6	7	8	9
4. Grundtendenzen	1	2	3	4	5	6	7	8	9
5. Motivation	1	2	3	4	5	6	7	8	9
6. Persönliche Werte	1	2	3	4	5	6	7	8	9
7. Überzeugt andere	1	2	3	4	5	6	7	8	9
8. Umgang mit Konflikten	1	2	3	4	5	6	7	8	9
9. Reaktion unter Druck	1	2	3	4	5	6	7	8	9
10. Als Teamleiter	1	2	3	4	5	6	7	8	9
11. Als Teammitglied	1	2	3	4	5	6	7	8	9
12. Bevorzugte Aufgaben/ Funktionen	1	2	3	4	5	6	7	8	9
13. Strategien für mehr Effektivität	1	2	3	4	5	6	7	8	9

Schreiben Sie hier die drei wichtigsten Erkenntnisse auf, die Sie aus Ihrem Profil gewonnen haben.

Wie kann die Erkenntnis aus der Spalte „Grundtendenzen“ Sie in der Erledigung Ihrer täglichen Aufgaben unterstützen?

Wie beeinflussen die Erkenntnisse über Ihre möglichen Schwächen Ihren Arbeitsalltag?

Bitte sehen Sie sich den Teil „Strategien für mehr Effektivität" Ihres Verhaltensstils genauer an.
Schreiben Sie sich drei Dinge auf, die Sie umsetzen werden, um noch effektiver zu werden.

1.

2.

3.

Verhaltenstendenz 134/DSG

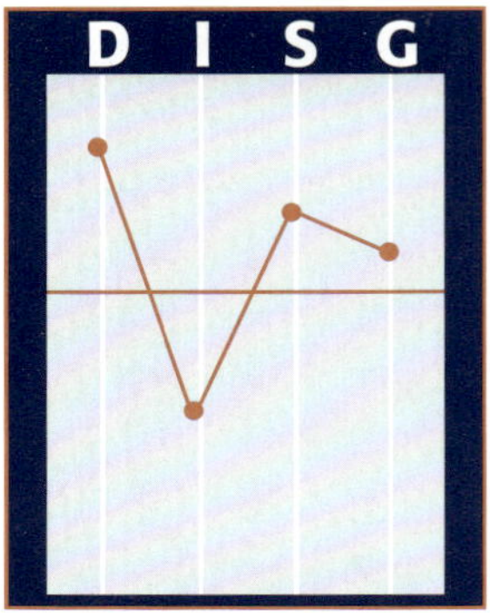

1. Verhaltenstendenz

- Bringt Glaubwürdigkeit in ungeordnete Situationen;
- hat Erfolg bei der Lösung komplexer Probleme;
- baut eine Datenbank auf und entwickelt daraus Prozesse;
- hält sich an Regeln und Vorschriften;
- übernimmt von anderen schwierige oder unangenehme Aufgaben;
- Smalltalk liegt ihm/ihr nicht, oft arbeitet er/sie alleine;
- kann am ehesten als *Designer* bezeichnet werden.

2. Mögliche Schwächen

- Neigt dazu, die eigene Zeit als wertvoller zu betrachten als die Zeit anderer;
- schweigt beharrlich, wenn andere die Erwartungen nicht erfüllen.

3. Bewältigung von Aufgaben

- Sucht Aufgaben, die die eigene Begeisterung wecken, findet z. B. neue Lösungen und Konzepte, wie das Zusammenleben besser funktioniert;
- setzt Theorien in die Praxis um;
- verallgemeinert nicht, sondern denkt im Speziellen;
- geht bei neuen Projekten rasch vor.

4. Grundtendenzen

- Kombination von Analyse und Intuition.

5. Motivation

- Möglichkeit, die persönlichen Bedürfnisse nach Individualität, Erfüllung und Wissen zu befriedigen;
- arbeitet gut, wenn er/sie für ungewöhnliche Leistungen belohnt wird.

6. Persönliche Werte

- Herausforderungen,
- ethischer/moralischer Kodex,
- Kreativität,
- genaues Arbeiten.

7. Überzeugt andere

- Einsatz von Fachwissen;
- Aufzeigen eines klaren Ziels;
- Fragen vorhersehen und sie bereits im Vorfeld beantworten;
- Einwände oft abwenden;
- kann andere von materiellen Dingen sehr gut und von immateriellen Dingen schlecht überzeugen.

8. Umgang mit Konflikten

- Konfrontation;
- versucht Opposition nicht nur zu überwinden, um andere zu dominieren, sondern um die Überlegenheit der eigenen Anstrengungen zu zeigen.

9. Reaktion unter Druck

- Überlegt und untersucht, bevor er/sie direkte Maßnahmen trifft;
- ist bereit, komplexe Probleme anzugehen.

10. Als Teamleiter

- Tatsachenorientierte Führungskraft, die dem Team solide Informationen und eine rationelle Basis zum Handeln liefert.

11. Als Teammitglied

- Will wissen, wie Dinge funktionieren und zusammenpassen;
- sucht nach dem Wesentlichen unter der Oberfläche;
- klärt Zweideutigkeiten;
- ordnet Daten.

12. Bevorzugte Aufgaben/Funktionen

- Analysieren, klassifizieren, z. B. Teile zusammenfügen;
- testen, durchleuchten, z. B. die besten Methoden finden;
- anwenden, forschen, andere über neues Wissen und neue Verfahren informieren und sie ausbilden.

13. Strategien für mehr Effektivität

- Taktvoll kommunizieren;
- mehr Geduld für routinemäßige Kleinarbeit aufbringen, sobald ein Projekt auf den Weg gebracht ist;
- die Einfälle und Erfahrungen anderer berücksichtigen;
- die Anstrengungen anderer anerkennen;
- mit dem eigenen Überlegenheitsgefühl umgehen;
- mit anderen zusammenarbeiten, die besser kommunizieren und direktere Methoden entwickeln können (Verhaltenstendenz 13, 24, 42).

Wie stark stimmen Sie den einzelnen Punkten zu? Kreisen Sie in der nachfolgenden Tabelle eine Zahl zwischen 1 und 9 ein.

Meine Reaktion auf	Ich stimme zu			Ich habe Zweifel			Ich stimme nicht zu		
1. Verhaltenstendenz	1	2	3	4	5	6	7	8	9
2. Mögliche Schwächen	1	2	3	4	5	6	7	8	9
3. Bewältigung von Aufgaben	1	2	3	4	5	6	7	8	9
4. Grundtendenzen	1	2	3	4	5	6	7	8	9
5. Motivation	1	2	3	4	5	6	7	8	9
6. Persönliche Werte	1	2	3	4	5	6	7	8	9
7. Überzeugt andere	1	2	3	4	5	6	7	8	9
8. Umgang mit Konflikten	1	2	3	4	5	6	7	8	9
9. Reaktion unter Druck	1	2	3	4	5	6	7	8	9
10. Als Teamleiter	1	2	3	4	5	6	7	8	9
11. Als Teammitglied	1	2	3	4	5	6	7	8	9
12. Bevorzugte Aufgaben/ Funktionen	1	2	3	4	5	6	7	8	9
13. Strategien für mehr Effektivität	1	2	3	4	5	6	7	8	9

Schreiben Sie hier die drei wichtigsten Erkenntnisse auf, die Sie aus Ihrem Profil gewonnen haben.

- mehr Risiko eingehen
- Sorgfältig arbeiten aber kein Perfektionismus

Wie kann die Erkenntnis aus der Spalte „Grundtendenzen" Sie in der Erledigung Ihrer täglichen Aufgaben unterstützen?

Wie beeinflussen die Erkenntnisse über Ihre möglichen Schwächen Ihren Arbeitsalltag?

- An Schwächen arbeiten => verbessern

Bitte sehen Sie sich den Teil „Strategien für mehr Effektivität“ Ihres Verhaltensstils genauer an.
Schreiben Sie sich drei Dinge auf, die Sie umsetzen werden, um noch effektiver zu werden.

1. Anstrengungen anderer anerkennen

2. Einfälle anderer berücksichtigen

3.

Verhaltenstendenz 234/ISG

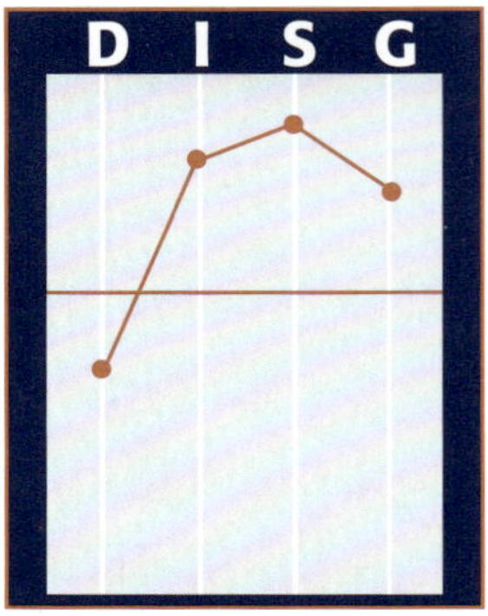

1. Verhaltenstendenz

- Baut harmonische Beziehungen auf;
- betrachtet Traditionen und Rituale als nützlich für die Festigung von Beziehungen;
- unterstützt andere bei Planung und Organisation;
- ist sachkundig und freundlich;
- analysiert Probleme und deckt Ungereimtheiten auf;
- formuliert wertend, wenn er/sie enttäuscht oder verstimmt ist;
- legt viel Wert auf Kenntnisse in Fachgebieten;
- kann am ehesten als *Praktiker* bezeichnet werden.

2. Mögliche Schwächen

- Widersetzt sich nicht gerne starken Persönlichkeiten;
- delegiert wichtige Aufgaben nur zögerlich an andere;
- neigt dazu, enge Freunde zu schützen.

3. Bewältigung von Aufgaben

- Übernimmt Verantwortungsbereiche, die andere zu belasten scheinen;
- freut sich, aufgrund von Kenntnissen und Fertigkeiten ausgewählt zu werden;
- wendet geordnete Verfahren an, um die Arbeit zu systematisieren;
- stellt Aufgaben termingerecht fertig.

4. Grundtendenzen

- Eine Atmosphäre der Zusammenarbeit schaffen.

5. Motivation

- Möglichkeit, die persönlichen Bedürfnisse nach Erfüllung, Zugehörigkeit und Vertrauen zu befriedigen;
- arbeitet gut, wenn er/sie ehrlich und freundlich behandelt wird.

6. Persönliche Werte

- Wissen,
- Stabilität,
- Anerkennung,
- Pflichterfüllung.

7. Überzeugt andere

- Schafft eine Atmosphäre des Wohlwollens;
- arbeitet an dauerhaften Beziehungen;
- stellt fest, welche Interessen die Zuhörer haben, und bereitet Einleitungen zur Konversation vor;
- schmeichelt spontan;
- kann andere von materiellen und immateriellen Dingen relativ gut überzeugen.

8. Umgang mit Konflikten

- Kompromissbereitschaft;
- ermutigt die Parteien, sowohl negative als auch positive Gefühle zu äußern;
- arbeitet am Aufbau von Vertrauen;
- schlägt den Mittelweg vor.

9. Reaktion unter Druck

- Macht sich übermäßige Sorgen über die Zukunft;
- ist offen für Alternativen.

10. Als Teamleiter

- Arbeitsame Führungskraft, die dem Team ein Vorbild für zielorientiertes und qualitätsbewusstes Engagement ist;
- eignet sich in bestimmten Bereichen Fachkenntnisse an.

11. Als Teammitglied

- Entwickelt einen bequemen, aber produktiven Arbeitsablauf für sich selbst und andere;
- vermeidet Missgeschicke und teure Fehler durch eine gemäßigte Vorgehensweise.

12. Bevorzugte Aufgaben/Funktionen

- Organisieren, z. B. Maßnahmen planen;
- die Wünsche anderer genau erkennen, z. B. den Bedarf an Büroausstattung feststellen;
- mit Sprache umgehen, lehren, ausbilden, z. B. kleine Gruppen anleiten.

13. Strategien für mehr Effektivität

- Andere wenn nötig direkt konfrontieren;
- anerkennen, dass man sich auf andere verlassen muss, die technische und fachliche Details liefern;
- Kontakte außerhalb des Freundeskreises suchen;
- anderen negative Gefühle mitteilen;
- mit anderen zusammenarbeiten, die ihre Unzufriedenheit offener ausdrücken können (Verhaltenstendenz 1, 12, 124).

Wie stark stimmen Sie den einzelnen Punkten zu? Kreisen Sie in der nachfolgenden Tabelle eine Zahl zwischen 1 und 9 ein.

Meine Reaktion auf	**Ich stimme zu**			**Ich habe Zweifel**			**Ich stimme nicht zu**		
1. Verhaltenstendenz	1	2	3	4	5	6	7	8	9
2. Mögliche Schwächen	1	2	3	4	5	6	7	8	9
3. Bewältigung von Aufgaben	1	2	3	4	5	6	7	8	9
4. Grundtendenzen	1	2	3	4	5	6	7	8	9
5. Motivation	1	2	3	4	5	6	7	8	9
6. Persönliche Werte	1	2	3	4	5	6	7	8	9
7. Überzeugt andere	1	2	3	4	5	6	7	8	9
8. Umgang mit Konflikten	1	2	3	4	5	6	7	8	9
9. Reaktion unter Druck	1	2	3	4	5	6	7	8	9
10. Als Teamleiter	1	2	3	4	5	6	7	8	9
11. Als Teammitglied	1	2	3	4	5	6	7	8	9
12. Bevorzugte Aufgaben/ Funktionen	1	2	3	4	5	6	7	8	9
13. Strategien für mehr Effektivität	1	2	3	4	5	6	7	8	9

Schreiben Sie hier die drei wichtigsten Erkenntnisse auf, die Sie aus Ihrem Profil gewonnen haben.

Wie kann die Erkenntnis aus der Spalte „Grundtendenzen" Sie in der Erledigung Ihrer täglichen Aufgaben unterstützen?

Wie beeinflussen die Erkenntnisse über Ihre möglichen Schwächen Ihren Arbeitsalltag?

Bitte sehen Sie sich den Teil „Strategien für mehr Effektivität“ Ihres Verhaltensstils genauer an.
Schreiben Sie sich drei Dinge auf, die Sie umsetzen werden, um noch effektiver zu werden.

1.

2.

3.

Ihre Verhaltensdimensionen als Flächendiagramm

Ihre Verhaltensdimensionen können Sie nicht nur als Kurve, sondern auch in Form eines Flächendiagramms darstellen. Diese Art der Visualisierung ist eine weitere Möglichkeit, das eigene Ergebnis zu reflektieren.

Durch die Größe der jeweiligen Flächenanteile wird auf einen Blick erkennbar, wie stark die vier Verhaltensdimensionen ausgeprägt sind. Im Beispiel sind die Dimensionen *Gewissenhaftigkeit* und *Stetigkeit* sehr stark bzw. stark ausgeprägt, die Dimensionen *Initiative* und *Dominanz* dagegen nur schwach bzw. sehr schwach.

Beispiel für ein Flächendiagramm

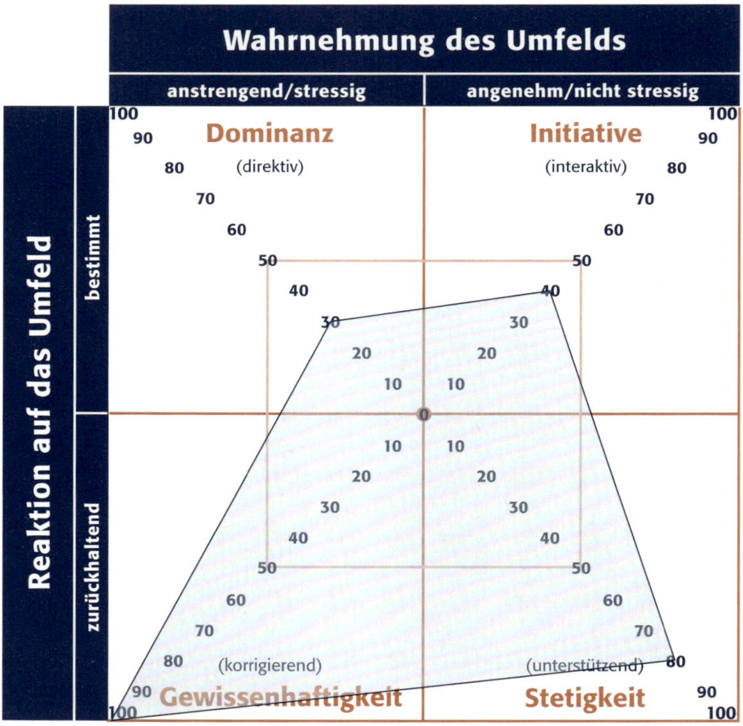

Anleitung

So füllen Sie das Flächendiagramm aus:

- Nehmen Sie das Lesezeichen zur Hand und legen Sie es so ins Buch, dass die Auswertungsbox II zu sehen ist.
- Sehen Sie sich die Prozentzahlen von Diagramm III an.
- Markieren Sie im Flächendiagramm den Wert für D im linken oberen Quadranten (Dominanz).
- Verfahren Sie genauso mit den Werten für I, S und G: Tragen Sie diese in die zugehörigen Quadranten ein.
- Verbinden Sie nun die vier Punkte zu einer Fläche.

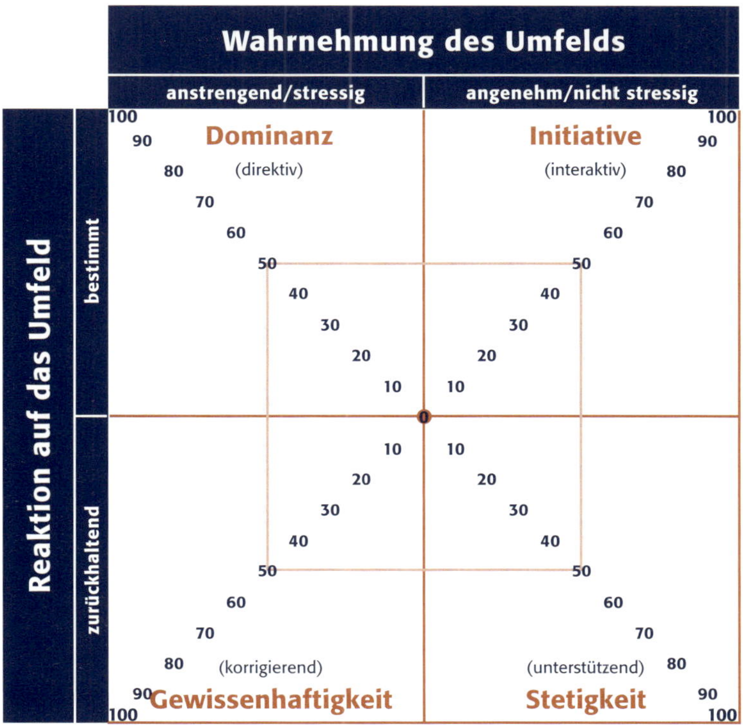

Anwendungsmöglichkeiten des Flächendiagramms

Analyse des eigenen Verhaltens

Da das Verhalten eines jeden Menschen Anteile aller vier Verhaltensdimensionen aufweist, enthält das Diagramm auch Flächenanteile aus allen vier Quadranten. Es gibt niemanden, der sich *ausschließlich* dominant, initiativ, stetig oder gewissenhaft verhält.

Die Visualisierung der Prozentzahlen aus *Diagramm III* zeigt, wie stark die einzelnen Dimensionen Ihres Verhaltens in Ihrem ausgewählten Umfeld zur Geltung kommen. Als Faustregel gilt: Verhaltensdimensionen, deren Flächenanteil über das innere Quadrat herausragt, sind nach außen gut sichtbar.

Wenn Sie Ihre Prozentzahlen aus *Diagramm I und II* in das Flächendiagramm eintragen, können Sie erkennen, wie stark sich Ihr äußeres Selbstbild (Diagramm I) von Ihrem inneren Selbstbild (Diagramm II) unterscheidet. Das Ausmaß dieses Unterschiedes ist ein Indikator für Ihre persönliche Stressintensität. Damit können Sie sich im nächsten Kapitel genauer befassen.

Vergleichsanalyse mehrerer Teilnehmer

Sie können das Flächendiagramm nicht nur dazu nutzen, um über das eigene Verhalten nachzudenken. Die vergleichende Analyse des Verhaltens mehrerer Teilnehmer ist eine weitere Anwendungsmöglichkeit. Verwenden Sie hierzu bitte die Ergebnisse aus Diagramm III.

Tragen Sie die Ergebnisse mehrerer Teilnehmer in das Flächendiagramm ein. Nun können Sie sehen, welche Verhaltensdimension in Ihrem Team besonders stark vertreten ist bzw. welche eventuell fehlt.

Auf der Basis der visualisierten Gemeinsamkeiten und Unterschiede können Sie beispielsweise Überlegungen darüber anstellen,

- wie Sie sich in der Zusammenarbeit ergänzen,
- wo mögliche Reibungspunkte bestehen.

Interpretationsstufe 5
Stressniveau reduzieren

Ziel der fünften Interpretationsstufe ist das Nachdenken über Stress und die Möglichkeiten, das eigene Stressniveau zu reduzieren.

Vermutlich kennen auch Sie Situationen, in denen Sie überfordert sind. Hiermit stehen Sie nicht alleine da: Die meisten Menschen haben zeitweise das Gefühl, den aktuellen Anforderungen und Erwartungen nicht gewachsen zu sein. Geist und Körper rebellieren – sie haben Stress.

Stress verstehen

Wenn wir diese Probleme lösen wollen, müssen wir zunächst verstehen, was Stress ist. Wir sehen oft nur den ungesunden Stress, und auch die Stressforschung betrachtet das Phänomen meist krankheitsorientiert. Aber: Stress ist zunächst wertneutral. Folglich müssen wir zwischen negativem und positivem Stress unterscheiden lernen.

Positiver Stress ist der Ansporn und Impuls für Leistungen jeder Art und somit ein notwendiger Faktor für Lernprozesse: Wir brauchen die kreative Spannung, wenn wir Neues entwickeln. Dieser positive Stress hilft uns, unser Verhalten besser an die Erfordernisse der Welt anzupassen.

Positiver Stress ist überlebensnotwendig. Er macht uns in vielen Situationen überhaupt erst funktionsfähig.

Negativer Stress entsteht, wenn der Druck zu stark ist oder zu lange anhält. Das hat dann einen Raubbau unserer geistigen und körperlichen

Kräfte zur Folge. Zum krank machenden Problem wird Stress, wenn wir keine Strategien entwickeln, damit umzugehen.

Negativer Stress ist unproduktiv und kann gefährlich werden, wenn wir uns nicht aus eigener Kraft zu helfen wissen oder wenn wir die Stressoren (Auslöser) nicht identifizieren können.

Wer unter negativem Stress leidet, belastet damit häufig auch sein Umfeld. Gefährlich ist es aber auch, jeder Stresssituation aus dem Wege zu gehen und (notwendige) Veränderungen zu vermeiden.

Unterschiedliche Reaktionen

Wie können wir unseren negativen Stress bewältigen und den positiven nutzen? Eine für alle Menschen geltende Antwort gibt es nicht, denn Stresssituationen werden von verschiedenen Menschen unterschiedlich erlebt. Was der eine als blockierenden Stress empfindet, veranlasst den anderen zu kreativen Sprüngen. Manche werden unter Stress laut und greifen an, andere ziehen sich zurück.

In der Regel kommt unter Stress das natürliche Verhalten stärker zum Tragen, das heißt, wir haben unser Bild, das wir anderen gegenüber zeigen (äußeres Selbstbild), weniger unter Kontrolle. Zudem gibt es häufig eine Verhaltenstendenz, die in Stresssituationen stärker hervortritt.

Individuelle Strategien

Anti-Stress-Strategien müssen daher der eigenen Verhaltenstendenz entsprechen und „situationsspezifisch" ausgerichtet werden. Wir können nicht allgemein gültig bestimmen, welche Auslöser eine bestimmte Stresssituation hervorrufen, wann ein negatives Stressniveau erreicht ist oder was die richtigen Strategien zur Bewältigung sind. Das DISG® Persönlichkeitsprofil unterstützt Sie dabei, Ihre persönlichen Antworten zu finden.

Neben der Unterscheidung zwischen positivem und negativem Stress ist es für die Stressbewältigung entscheidend, ein weiteres Gegensatzpaar von Stressarten zu verstehen:

1. *intrapersoneller Stress:* ein innerer Konflikt zwischen unseren Überzeugungen, Werten und Absichten sowie

2. *interpersoneller Stress:* ein Konflikt zwischen Ihnen und anderen Personen.

Unser DISG® Modell beschäftigt sich vor allem mit intrapersonellem Stress, also mit dem Stress, der durch interne Ursachen (Stressherde) ausgelöst wird.

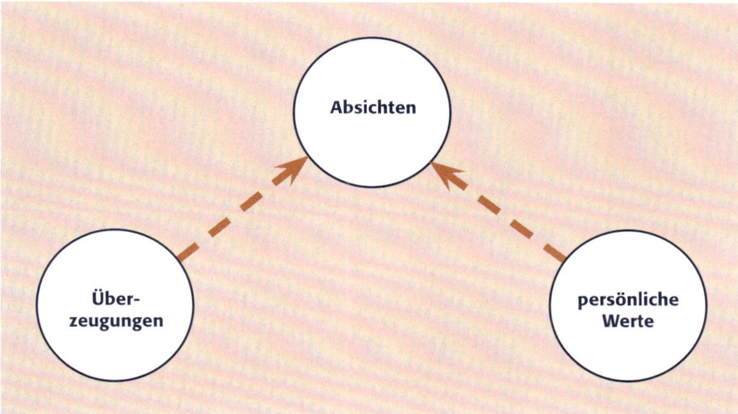

Innere Konflikte durch Widersprüche zwischen Absichten, Überzeugungen und Werten

Oft reagieren wir auf Anforderungen unserer Umwelt und bedienen *fremde* Erwartungen. Selten setzen wir uns mit unseren *eigenen* Bedürfnissen auseinander, bevor wir handeln. Fallweise widersprechen unsere Absichten dabei unseren Wertvorstellungen oder Überzeugungen. Die Folge: Die anstehenden Veränderungen führen zu Stress.

Ursachen begreifen

Vielleicht bemerken Sie, dass Sie unzufrieden sind und unter Druck stehen. Das DISG® Modell kann Ihnen helfen, die möglichen Ursachen zu verstehen. Keiner kann intrapersonellen Stress vollständig vermeiden. Aber jeder kann lernen, besser mit ihm umzugehen.

Ein Beispiel: Eine Mitarbeiterin tendiert stark dazu, unkontrollierbare Ereignisse zu vermeiden. Sie achtet auf Regeln, legt Wert auf Präzision, durchdenkt ihre Entscheidungen akkurat und handelt entsprechend vorsichtig. Weil es das Aufgabenfeld von ihr verlangt, hat sie die Absicht, künftig auch ohne gründliches Nachdenken Entscheidungen zu treffen und mehr Risiken einzugehen. Dadurch gerät sie aber in einen inneren Konflikt. Sie wird unzufrieden und erlebt negativen Stress.

Stress durch mangelnde Übereinstimmung

Dieser negative Stress entsteht, weil die *Absichten* (Entscheidungen auch ohne gründliches Nachdenken treffen) mit den *Überzeugungen* (vorsichtig handeln) und den persönlichen *Werten* (Präzision, Regeln beachten) der Mitarbeiterin nicht übereinstimmen. Wenn aber täglich schnelle Entscheidungen nötig sind, ohne dass Zeit für gründliche Analysen bleibt, dann sollte sie sich ein Aufgabenfeld suchen, in dem sie ihren Überzeugungen und persönlichen Werten eher gerecht werden kann. Alternativ dazu kann sie auch versuchen, speziellen Verhaltensdimensionen gezielt mehr bzw. weniger Raum zu geben.

Stressintensität bestimmen

Mit der folgenden Tabelle bestimmen Sie die *Stressintensität,* der Sie in dem gewählten Umfeld ausgesetzt sind.

Anleitung

- Nehmen Sie das Lesezeichen zur Hand und legen Sie es so ins Buch, dass die Auswertungsbox II zu sehen ist.
- Sehen Sie sich die Prozentzahlen (10 – 100) von Diagramm I an.
- Tragen Sie die Prozentzahlen in die Zeile „Diagramm I“ in der unten stehenden Tabelle ein.
- Gehen Sie genauso mit Diagramm II vor.
- Rechnen Sie die Differenz zwischen den D-Punktzahlen aus (kein Plus- oder Minuszeichen).

	D	I	S	G		Summe
Diagramm I						
Diagramm II						
Differenz (ohne Vorzeichen)					=	

- Verfahren Sie genauso mit den Punktzahlen von I, S und G.
- Addieren Sie die Differenzzahlen und tragen Sie das Ergebnis im Kästchen „Summe“ ein.
- Kreisen Sie Ihre Punktzahl in der Stress-Skala ein.

Stress-Skala	
Punktzahl	**Intensität**
0-40	gering
41-60	mittel
61-80	stark
81+	sehr stark

Wenn Ihr Ergebnis mittelstarken, starken oder extrem starken Stress aufzeigt, füllen Sie die Vergleichsanalyse aus.

Ihre persönliche Vergleichsanalyse

Intrapersoneller Stress entsteht, wenn Ihre Absichten, Überzeugungen und persönlichen Werte nicht in Einklang stehen. Mit der Vergleichsanalyse verschaffen Sie sich einen entsprechenden Überblick.

Absichten

Schreiben Sie Ihre drei wichtigsten Absichten von Seite 58 auf.

1. ______________________________

2. ______________________________

3. ______________________________

Überzeugungen

Schreiben Sie Ihre vier persönlichen fett gedruckten Überzeugungen von Seite 64 bis 67 auf.

1. ______________________________

2. ______________________________

3. ______________________________

4. ______________________________

Persönliche Werte

Entnehmen Sie die persönlichen Werte aus Punkt 6 der Beschreibung Ihrer Verhaltenstendenz (Interpretationsstufe 4).

1. ______________________________

2. ______________________________

3. ______________________________

4. ______________________________

Die Beschäftigung mit unseren Absichten, Überzeugungen und Werten zeigt, ob wir in uns Spannungen tragen, die sich negativ auf unsere Gesundheit, sozialen Beziehungen oder Lebensbalance auswirken können.

Vergleichen Sie Ihre Absichten mit Ihren Überzeugungen und Werten:
- Entsprechen Ihre Überzeugungen Ihren Absichten?
- Entspricht Ihr persönliches Wertesystem dem Ihres Umfeldes?

Wenn zwei oder mehr Ihrer Überzeugungen oder Werte im Widerspruch zu Ihren Absichten stehen, überdenken Sie Ihre momentane Situation. Sind Veränderungen gut und notwendig, überdenken Sie Ihre Überzeugungen und persönlichen Werte.

Aktionsplan

Ich habe folgenden Stressauslöser erkannt:

Ich erstelle folgende Strategie, um mit meinem intrapersonellen Stress besser umzugehen:

Ich gebe mir folgenden Zeitrahmen vor:

Tragen Sie den Termin in Ihren Kalender ein und erstellen Sie Ihr Persönlichkeitsprofil nach Ablauf dieses Zeitrahmens erneut für das gewählte Umfeld. Prüfen Sie, welche Veränderungen sich mit Blick auf die Stressintensität ergeben, der Sie in diesem Umfeld ausgesetzt sind.

Und wie geht es weiter?
Das Spektrum der DISG® Anwendungen

Wenn Sie Ihr DISG® Persönlichkeitsprofil ausgewertet haben, werden Sie vermutlich die Welt fortan mit anderen Augen sehen.

Beispiel

Kommen wir nochmal auf das Beispiel aus der Einführung auf Seite 13 zurück. Wenn Sie selbst beispielsweise eine nüchterne Betrachtung der Dinge bevorzugen und Ihnen der strahlende Optimismus und die Impulsivität Ihrer Mitarbeiterin Ines I. schon mal zu weit gehen, dann wissen Sie jetzt: Die I-Komponente ist bei Frau I. besonders stark ausgeprägt. Sie würden Frau I. unglücklich machen, wenn Sie sie bäten, bei dem anstehenden Projekt vor allem Routine- und Detailarbeiten zu erledigen. Mit dem DISG® Wissen im Hinterkopf werden Sie stattdessen an ihre Stärken anknüpfen, ihre gewinnende Art im Umgang mit anderen Menschen nutzen und sie beispielsweise darum bitten, Kontakte herzustellen oder die Ergebnisse zu präsentieren.

Weitere Angebote

Wenn Sie nachhaltige Veränderungen herbeiführen möchten, ist das Durcharbeiten dieses Buches mit seinen Hinweisen, Fragen und Aktionsplänen ein geeigneter Einstieg. Bei vielen Lesern, die erste Erfahrungen mit dem DISG® Persönlichkeitsprofil gemacht haben, entsteht der Wunsch, ihre Erkenntnisse zu vertiefen. Basierend auf dem DISG® Modell wurden daher zahlreiche Veranstaltungsangebote und Materialien für Einzelpersonen und ganze Organisationen entwickelt. Diese können Sie dabei unterstützen, noch mehr Nutzen aus dem DISG® Modell zu ziehen.

Trainings und Seminare auf Basis des DISG® Modells

DISG® Persönlichkeitsprofil

Das Buch, das Sie gerade lesen, wird Sie dabei unterstützen, sich selbst besser kennen zu lernen. Deshalb sind der Fragebogen und die Interpretationsstufen so angelegt, dass Sie das DISG® Persönlichkeitsprofil ohne fremde Hilfe erstellen und auswerten können.

Es ist aber auch möglich, das DISG® Persönlichkeitsprofil unter professioneller Anleitung auszufüllen und zu interpretieren. Autorisierte DISG® Trainer bieten im gesamten deutschsprachigen Raum Seminare mit unterschiedlichen Schwerpunkten an. Diese Seminare finden sowohl öffentlich statt als auch in Form von Inhouse-Veranstaltungen.

Übungen zur praktischen Anwendung

Mit Unterstützung des Trainers erstellen die Teilnehmer ihr individuelles DISG® Persönlichkeitsprofil und gewinnen ein vertieftes Wissen über ihren Verhaltensstil in konkreten Situationen. In Übungen wird dieses Wissen auf den Alltag angewendet. Damit das DISG® Persönlichkeitsprofil präzise Ergebnisse liefert, sollte es jeder Teilnehmer in seiner Muttersprache erstellen. Nur dann sind alle Nuancen erfassbar. Die Unterlagen sind derzeit beim Trainer in Englisch, Französisch, Italienisch, Dänisch sowie in weiteren Sprachen verfügbar.

Führungskräftetraining mit dem DISG® Modell

Führungskräfte können sich auf Grundlage des DISG® Modells von DISG® Trainern, die sich speziell dazu qualifiziert haben, beraten und trainieren lassen. Innerhalb dieses Trainings lernen Führungskräfte, wie sie das Leistungspotenzial ihrer Mitarbeiter erkennen und verbessern können. Sie trainieren, durch bessere Anpassungsfähigkeit den verschiedenen Führungsanforderungen erfolgreich zu begegnen. Sie werden so zum Coach und Potenzialentwickler ihrer Mitarbeiter.

Teamtraining mit dem DISG® Modell

Ausgehend vom DISG® Persönlichkeitsmodell lernen die Teilnehmer, durch gegenseitige Ergänzung ihre Zusammenarbeit zu optimieren und Reibungsverluste durch konstruktive Rückmeldung zu minimieren. Das Training kann sowohl beim Bilden neuer als auch bei der Entwicklung bestehender Teams eingesetzt werden.

Verkaufstraining mit dem DISG® Modell

Verkaufs- und Kaufstile erkennen

Ziel des Verkaufstrainings ist es, die Kenntnisse des DISG® Persönlichkeitsmodells für den Verkauf anzuwenden. Die Teilnehmer erfahren mehr über ihren *Verkaufsstil* als Verkäufer und über die Wirkung von Verkäuferstilen auf den Kunden. Sie erkennen und reflektieren den *Kaufstil* von Kunden und erlernen, wie Sie sich auf die spezifischen Kundenbedürfnisse einstellen können. Verkäufer und Berater im Innen- und Außendienst, Key Accounter und Vertriebsleiter lernen, Verkaufsprozesse mit dem DISG® Modell systematisch zu gestalten und gezielt zu unterstützen. Das Seminar bietet entscheidende Hilfen, um gute Voraussetzungen für Win-Win-Situationen zu schaffen.

Spezielle DISG® Instrumente zur Vertiefung

Basierend auf dem DISG® Modell sind zahlreiche Produkte verfügbar. Neben den allgemeinen Unterlagen, die für vielfältige Interessen eingesetzt werden können, gibt es auch zielgruppenspezifische Instrumente, um die Inhalte des DISG® Modells zu vertiefen.

DISG® Stellenprofil

Mitarbeiter-entwicklung und Karriereplanung

Das DISG® Stellenprofil definiert in der Sprache des DISG® Persönlichkeitsprofils die Verhaltensanforderungen an eine bestimmte Arbeitsstelle. Die Ergebnisse bilden die Grundlage der Mitarbeiterentwicklung oder Karriereplanung. Sowohl Führungskräfte als auch Mitarbeiter selbst erhalten objektive Informationen über die Erwartungen an das Verhalten und noch zu füllende Leistungslücken. Dies führt zu einer effektiveren Aufgabenerledigung und zu reduzierten Reibungsverlusten. Das DISG® Stellenprofil können Sie auch bei der Mitarbeiterauswahl einsetzen. Dieses Instrument ist nur über autorisierte DISG® Trainer erhältlich.

DISG® Strategieplaner für Verkauf und Service

Der DISG® Strategieplaner für Verkauf und Service ist eine Arbeitshilfe für Kundengespräche sowie für Servicetechniker im Innen- und Außendienst. Dieses Instrument unterstützt den Anwender beim Einschätzen der Kundenpersönlichkeit, beim Erarbeiten einer differenzierten Verkaufsstrategie und beim Planen des Verkaufsgespräches. Es ermöglicht zudem eine individuelle Auswertung der Begegnungen. Der Strategieplaner für Verkauf und Service ist auch für Endkunden erhältlich.

DISG® Strategieplaner für Telefongespräche

Gesprächspartner einschätzen

Dieses Instrument der DISG® Familie ist eine Arbeitshilfe für Mitarbeiter, die häufig telefonieren – ob im Service, als Hotlinebetreuer oder als Callcenter Agents. Der Strategieplaner für Telefongespräche unterstützt den Anwender beim Einschätzen des Gesprächspartners und beim Wahrnehmen wesentlicher Verhaltensmerkmale. Darauf aufbauend liefert das Instrument Hinweise für eine effektivere Kommunikation mit diesem Gesprächspartner. Der Strategieplaner für Telefongespräche ist auch für Endkunden erhältlich.

Strategieplaner für Zeit und Persönlichkeit

Aufschieberitis und Delegation

Dieses Instrument zeigt neue Wege auf, wie bewährte Methoden und Konzepte des Zeitmanagements verhaltensbezogen eingesetzt werden können. Die Themen Zielplanung, Umgang mit Aufschieberitis und Delegation werden mit Hilfe des DISG® Modells in individuell nachvollziehbaren Schritten umgesetzt. Der Strategieplaner für Zeit und Persönlichkeit ist auch für Endkunden erhältlich.

DISG® Strategieplaner für Mitarbeitergespräche

Verhalten der Mitarbeiter erkennen

Als Instrument der Personalentwicklung dient der DISG® Strategieplaner für Mitarbeitergespräche. Er hilft Führungskräften, das Verhalten der Mitarbeiter zu erkennen und deren Engagement und Fähigkeit zu bewerten. Die Arbeitshilfe unterstützt dabei, passende Strategien zur Leistungssteigerung zu identifizieren und den Management- und Verhaltensstil entsprechend abzustimmen. Der Strategieplaner für Mitarbeitergespräche ist auch für Endkunden erhältlich.

Die hier skizzierte Übersicht stellt nur einen Teil der DISG® Produktfamilie dar. Weitere Informationen erhalten Sie bei autorisierten DISG® Trainern sowie bei www.persolog.com

Tipps zum Weiterlesen

PersönlichkeitsModelle

Martina Schimmel-Schloo, Lothar J. Seiwert und Hardy Wagner (Hg.): *PersönlichkeitsModelle. Die wichtigsten Modelle für Coaches, Trainer und Personalentwickler.* Offenbach: GABAL, 2002.

In diesem Buch aus der GABAL-Managementreihe finden Sie einen vergleichenden Überblick über Persönlichkeitsmodelle, die im deutschsprachigen Raum eingesetzt werden. Auswahlkriterien sind Bekanntheitsgrad, Marktpräsenz, Seriosität und wissenschaftliche Fundierung. Neben dem DISG® Persönlichkeitsprofil werden neun weitere Modelle dargestellt.

Handbuch Kompetenzmessung

John Erpenbeck und Lutz von Rosenstiel (Hg.): *Handbuch Kompetenzmessung. Erkennen, verstehen und bewerten von Kompetenzen in der betrieblichen, pädagogischen und psychologischen Praxis.* Stuttgart: Schäffer-Poeschel, 2003.

Nach einer fundierten Definition des Kompetenzbegriffs und Systematisierung von Kompetenzen stellt das Buch unter anderem das DISG® Persönlichkeitsprofil als Kompetenzmessverfahren vor. Dabei werden Aspekte berücksichtigt wie die theoretischen Grundlagen, die methodologische Einordnung, die Einschätzung der Gütekriterien, die Fehler- und Problemkritik der verwendeten Methoden und der Ablauf des Messprozesses.

Der Ich-Kompass
Werner „Tiki" Küstenmacher: *Der Ich-Kompass.* 6. Aufl. Wuppertal: R. Brockhaus Verlag, 2003.

In der sympathisch-vergnüglichen Manier, die „Tiki" Küstenmachers Bücher zu Bestsellern machte, liefert der Autor einen illustrierten Einstieg in das DISG® Modell.

Ich brauch dich und du brauchst mich
Friedbert Gay und Hanno Herzler: *Ich brauch dich und du brauchst mich.* 4. Aufl. Wuppertal: R. Brockhaus Verlag, 2002.

Eine locker geschriebene Darstellung des DISG® Modells bietet dieser Titel. Dabei beschreiben die Autoren die vier Grundverhaltensdimensionen D, I, S und G ausführlicher und gehen auf Aspekte ein wie die Selbst- und Fremdwahrnehmung, die Grundangst, die Gefahren sowie Tipps für den Umgang mit Menschen, die eine der jeweiligen Verhaltenstendenzen besonders bevorzugen.

Das neue 1x1 der Persönlichkeit
Lothar J. Seiwert und Friedbert Gay: *Das neue 1x1 der Persönlichkeit. Sich selbst und andere besser verstehen mit dem DISG® Persönlichkeits-Modell.* München: Gräfe und Unzer Verlag, 2004.

Auf der Basis des DISG® Modells leiten die Autoren viele praktische Tipps zu Zeitmanagement, Teamarbeit, Partnerschaft und Kindererziehung ab. Das Buch zeigt auf, welche Anwendungen des DISG® Modells in Beruf und Privatleben möglich sind. Selbst-Tests, Übungen und Checklisten erleichtern das Umsetzen der gewonnenen Erkenntnisse.

Welche Eltern braucht mein Kind?
Charles Boyd: *Was für Eltern braucht mein Kind? Wege zu einer typgemäßen Erziehung.* 4. Auflage. Wuppertal: R. Brockhaus Verlag, 2003.

Das Buch hilft Eltern, ihre Kinder auf Basis des DISG® Modells besser zu verstehen. Zahlreiche Beispiele zeigen, wie Eltern „typische" Verhaltensmuster erkennen, angemessen darauf reagieren und ihre Kinder erziehen, ohne sie zu „verbiegen".

Bewusstsein schärfen, Wachstum fördern
Der „Vater" von DISG® im Gespräch

Urheber des DISG® Persönlichkeitsprofils ist Dr. John G. Geier. Sein Unternehmen Geier Learning International ist Lizenzgeber von persolog®.

Prof. Dr. John G. Geier

Friedbert Gay: Wie ergänzen sich Geier Learning und persolog®?
John G. Geier: Geier Learning und persolog® sind zwei anerkannte Trainings- und Verlagsunternehmen. Bei Geier Learning steht die Entwicklung von anspruchsvollen Assessment-Produkten im Mittelpunkt, und persolog® zählt bei der Entwicklung und Aufbereitung von Trainings- und Lernkonzepten zu den weltweit führenden Unternehmen. Für uns sind die Erfahrungen von persolog® bei der Integration von Marktentwicklung und Kundenservice von unschätzbarem Wert. Andererseits leisten wir unseren Beitrag, indem wir ständig neue hochwertige Assessment-Produkte entwickeln, die das Wachstum im Berufsleben fördern, indem sie das Bewusstsein der Menschen schärfen – für ihre Wahrnehmungen, Gedanken und Gefühle.

Friedbert Gay: Was bringt das DISG® System aus Ihrer Sicht den Trainern?
John G. Geier: Die Trainer nutzen DISG®, um Mitarbeiter und Führungskräfte bei der Kommunikation zu unterstützen. Jeden Tag ergeben sich zwei Fragen: Was ist zu tun und wie soll es erreicht werden? Die zwei Worte – *was* und *wie* – sind der Ausgangspunkt, weil die Klienten der Trainer dazu angeleitet werden sollen, Verbesserungen zu entdecken, für sich selber und ebenso im Hinblick auf die Arbeitsorganisation.

Friedbert Gay: Was bringt DISG® den Klienten der Trainer?

Anpassung an Lebens- und Arbeitsbedingungen

John G. Geier: Die Unternehmen werden mit Test- und Assessment-Tools überflutet, wobei die meisten davon den Eindruck erwecken, sie seien das Nonplusultra. Das ist fatal, denn das einzig Beständige im Leben ist die Veränderung. Unsere Produkte dienen idealerweise dazu, den Klienten die Anpassung an ihre sich häufig ändernden Lebens- und Arbeitsbedingungen zu ermöglichen. Dabei gilt: Ein guter DISG® Trainer vermeidet lange Vorträge, redet mit seinen Klienten und hilft ihnen, selber zu entdecken, was für sie das Richtige ist.

Friedbert Gay: Blicken wir zurück. Worauf führen Sie den Erfolg des DISG® Persönlichkeitsprofils zurück, das weltweit inzwischen von 40 Millionen Personen genutzt worden ist?

John G. Geier: Mir kommen bei Ihrer Frage vier Faktoren in den Sinn: Neugier, Konflikte, Veränderungen und Glaubwürdigkeit.

Neugier

- Zuerst zur *Neugier*. Fragen zu stellen, ist Teil unserer menschlichen Natur: Wer bin ich? Wie kann ich mein Leben sinnvoller gestalten? Wir arbeiten darauf hin, dass sich jeder einzelne Verwender unserer Produkte wichtig nimmt, seine Möglichkeiten, aber auch die eigenen Grenzen erkennt. Wer in seinem Leben bestimmte Ziele verfolgt, nimmt sich ernst und ist in der Lage, etwas zu leisten, das im gesellschaftlichen Umfeld eine Bedeutung hat. Mit den vom DISG® System bereitgestellten Begriffen können die Verwender unserer Produkte erkunden, wo sie stehen und in welchem Ausmaß ihre Arbeit oder ihr Leben produktiv ist.

Konflikte

- Ein *Konflikt* tritt auf, wenn wir nicht in der Lage sind, uns verständlich auszudrücken. Meinungsverschiedenheiten lassen sich durch Kommunikation überbrücken, und die vom DISG® System benutzten Begriffe bieten hierzu einen geeigneten Ansatz.

Veränderungen

- Bei *Veränderungen* treten oft Widerstände auf. Wir lassen uns nur auf Veränderungen ein, die wir wollen. Das DISG® System hilft uns, unsere Bedürfnisse differenzierter zu artikulieren.

Glaubwürdigkeit

- Die *Glaubwürdigkeit* ist ein weiterer Grund für den Erfolg des DISG® Persönlichkeitsprofils. Systematische wissenschaftliche Forschung ist eine wesentliche Voraussetzung, wenn ein Verwender unserer Produkte die erhaltenen Ergebnisse akzeptieren soll. Wichtig ist aber auch die Plausibilität, weil der Klient sagen möchte: „Ja, das bin ich."

Friedbert Gay: Wenden wir uns jetzt Deutschland zu. Wie schätzen Sie die deutsche Variante des DISG® Systems im Vergleich zur amerikanischen ein?

DISG® in Deutschland

John G. Geier: Ich halte die deutsche DISG® Variante für ein bewährtes Hilfsmittel, das sich in Deutschland positiv auf die Arbeitsproduktivität auswirkt – und seit dem Jahr 2004 auch in anderen Ländern. Für mich ist das deutsche DISG® Modell ein System, in das sich die zuerst in das amerikanische DISG® Modell einfließenden Verbesserungen mühelos einbauen lassen.
Die weltweite Nutzung des DISG® Modells wird unter anderem Folgendes bewirken:

- Mehr *Benchmarking,* wodurch sich die möglicherweise bestehende Diskrepanz zwischen den Wünschen eines Mitarbeiters und den Erwartungen des Arbeitgebers einschätzen lässt.
- Mehr Aktivitäten, die auf ein *lebenslanges Lernen* abzielen. Hier geht es darum, mit dem DISG® Modell Mitarbeiter und Führungskräfte systematisch bei der Erweiterung ihrer bestehenden Kenntnisse und Fähigkeiten zu unterstützen.
- Das DISG® Modell hilft dabei, *Arbeitsabläufe besser* zu *organisieren,* wozu auch die Auswahl von Arbeitsaufgaben gehört.
- Auch fördert DISG® die Fähigkeit, einen Arbeitsplatz und die damit verbundenen *Anforderungen beurteilen* zu können, und ebenso das innere Verhältnis, das der Arbeitsplatzinhaber zu seinem Arbeitsplatz hat.

Produktivität und Arbeitszufriedenheit sind die Folge, wenn eine von allen Mitarbeitern und Führungskräften verstandene einheitliche Sprache am Arbeitsplatz zu einem Bestandteil der Unternehmenskultur wird.

Friedbert Gay: Wie sehen Sie die gemeinsame Zukunft von Geier Learning und persolog®?

Geier Learning und persolog®

John G. Geier: persolog® und Geier Learning sind erfolgreich geworden, indem sie sich auf Methoden zur Verbesserung des Berufs- und Arbeitslebens konzentriert haben. Beide Unternehmen haben ein gemeinsames Ziel: Arbeitgebern und Arbeitnehmern die Entdeckung von neuen Ideen zu ermöglichen, die ihnen und auch anderen Menschen zugute kommen. Durch die Zusammenarbeit sichern sich Geier Learning und persolog® die Möglichkeit, auch in Zukunft ein breites Spektrum von erstklassigen Produkten entwickeln zu können.

Stichwortverzeichnis

Notizen

Notizen

Notizen

Persönlichkeit ist gefragt –

alles was Sie über sich und andere wissen sollten

Das 1x1
der Persönlichkeit
DE-BO101
Hardcover, 144 Seiten

Ich brauch Dich und
Du brauchst mich
DE-BO102
Taschenbuch, 167 Seiten

Der Ich-Kompass
DE-BO103
Taschenbuch, 65 Seiten

Was für
Eltern braucht
mein Kind
DE-BO104
Taschenbuch, 208 Seiten

Jedes Kind ist anders!
Wie Sie lernen Ihr Kind
besser zu verstehen
DE-BO107
Taschenbuch, 78 Seiten

Ken Blanchard
„Erfolg und
Erfüllung"
DE-BO900
Hardcover, 144 Seiten

Hörbuch Das 1x1
der Persönlichkeit
DE-BO106
4 x MC-Kassetten

Hörbuch Das 1x1
der Persönlichkeit
DE-BO105
2 CD's

per|so|log®
Verlag für Managementsysteme

Weitere Informationen erhalten Sie bei
persolog GmbH
Königsbacher Straße 21, D-75196 Remchingen
Tel. +49 (0) 72 32.36 99 11, Fax +49 (0) 72 32.36 99 44
mail@persolog.com, www.persolog.com